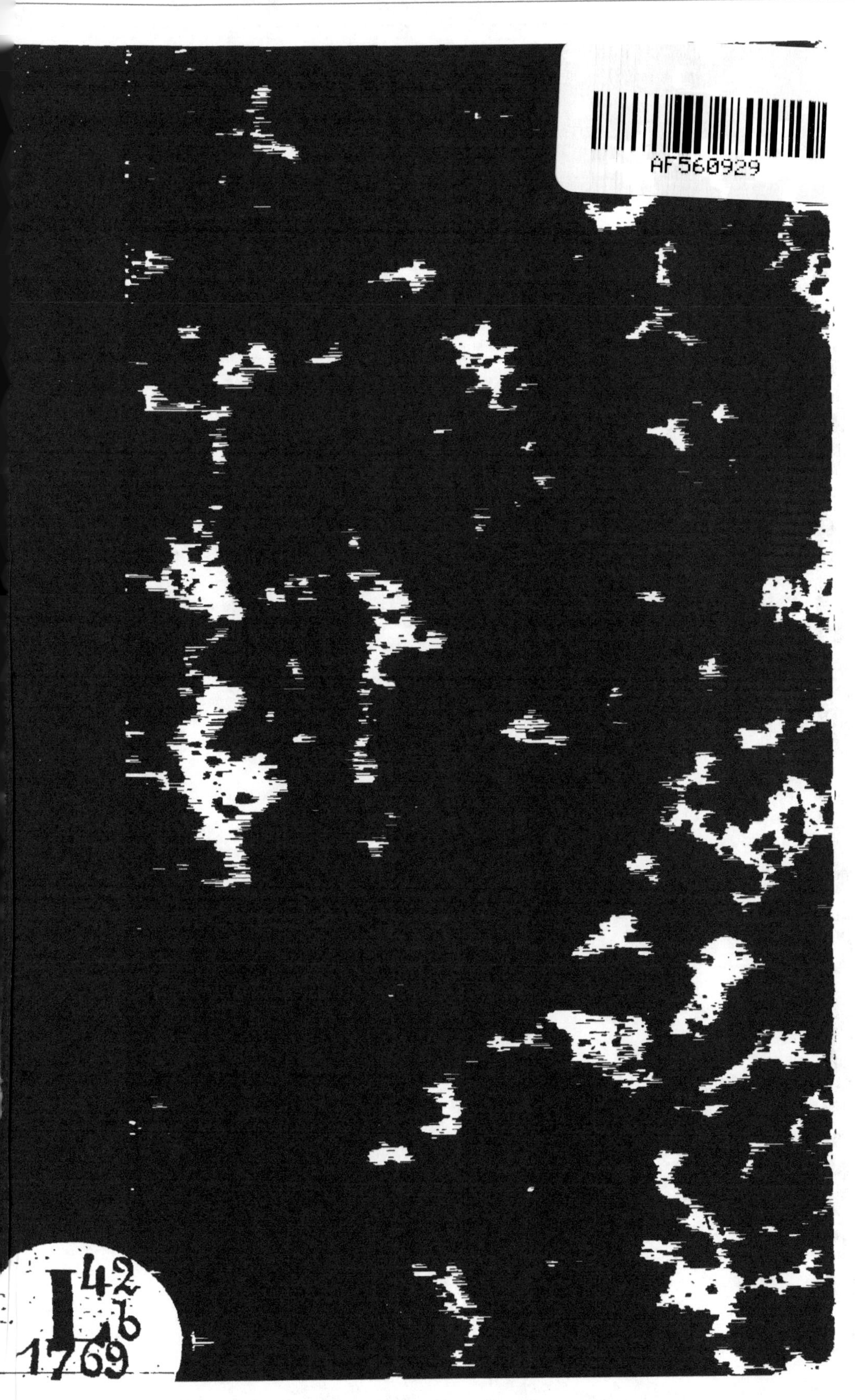

COUP-D'ŒIL
RAPIDE

Sur les Mœurs, les Lois, les Contributions, les Secours publics, les Sociétés politiques, les Cultes, les Théâtres, les Institutions publiques, dans leurs rapports avec le Gouvernement Représentatif, et sur tous les moyens propres à raffermir la Constitution de l'an 3.

Par FRANÇAIS (de Nantes.)

PRIX : TRENTE-SIX SOUS.

A GRENOBLE,

Chez P. CADOU et DAVID aîné, Imprim. près la Salle des Spectacles, N.° 30.

AN VI DE LA RÉPUBLIQUE.

POST-SCRIPTUM.

On a retardé jusqu'à la clôture des assemblées électorales, la publication de ce mémoire, imprimé depuis quelque temps, afin qu'on ne pût pas se méprendre sur les motifs qui l'ont dicté. Il y a diverses manières de demander l'aumône, soit en récitant des prières à la porte des bonnes gens, soit en distribuant des pamphlets intéressés à la porte des assemblées électorales. On n'a pas voulu se placer sur la file des MENDIANTS *de profession, ni parmi les* PAUVRES HONTEUX, *qui, n'osant pas demander eux-mêmes, font agir leurs amis auprès des électeurs charitables. Le seul moyen de répression contre ce nouveau genre de mendicité, est dans la formule* QUE LE CIEL VOUS ASSISTE. *Les places n'agrandissent pas : elles ne font qu'exhausser, et rendre les difformités, quand on en a, plus évidentes. Quel homme peut se flatter d'avoir des proportions assez belles, pour desirer qu'on l'expose à tous les regards sur le piédestal législatif? C'étoit un usage en Egypte, de faire apporter un squelette au milieu de la joie des festins : c'est le corps sanglant de Vergniaud qu'il faudroit exposer dans les vestibules des assemblées électorales. Quelle place pourroit-on desirer, grand Dieu? N'en est-ce donc pas une assez belle, que de faire partie d'un peuple que ses hautes destinées appellent à refaire l'art social, à recréer l'entendement humain, et à placer sur la route éternelle du temps, une lumière à la clarté de laquelle les peuples liront leurs droits, et les tyrans leur condamnation?*

Puissent le démon de l'innovation, la soif des vengeances et les nouvelles intrigues, par lesquelles le royalisme se cache sous le masque d'un républicanisme exagéré, ne pas précipiter avec trop de violence la marche d'une nation, dont la véritable grandeur est aujourd'hui dans la sagesse et l'esprit de mesure ! La force d'élan, qui est l'effet des passions, est fort commune : la force d'arrêt étant le produit d'une raison éclairée, est plus rare. L'esprit philosophique a tout préparé ; l'esprit révolutionnaire a tout exécuté : c'est à l'esprit constitutionnel à tout conserver. Malheur et mépris aux esprits inquiets, qui veulent révolutionner toujours et ne s'arrêter jamais ! Les hommes, hélas ! ne sont pas de marbre ; ils se brisent par milliers sous les meules révolutionnaires, dont l'étranger essaye de faire tourner encore les roues sanglantes. Arrêtons-nous.

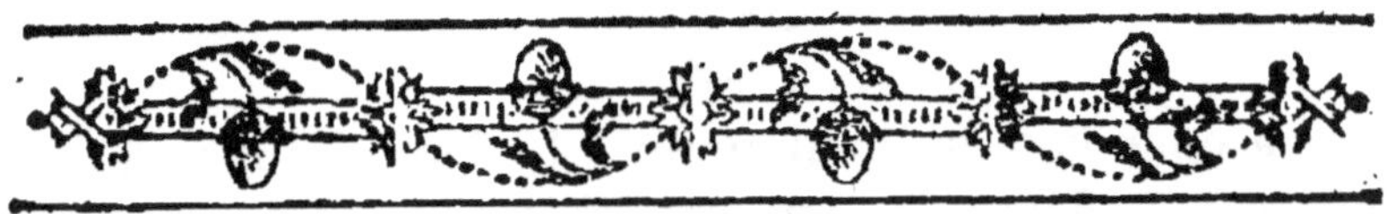

COUP-D'ŒIL

RAPIDE

Sur les mœurs, les lois, les contributions, les secours publics, les sociétés politiques, les cultes, les théâtres, les institutions publiques, dans leurs rapports avec le gouvernement représentatif, et sur tous les moyens propres à raffermir la Constitution de l'an trois.

On n'envisage pas d'une manière assez générale les matières de gouvernement. Quand on éprouve quelque inconvénient, on se contente d'y porter un remède local, nécessairement impuissant quand le mal dont on se plaint tient au système général ou à l'altération de son principe fondamental. Rien ne se fait ni ne se meut arbitrairement dans l'organisation sociale; tout y a sa place propre et son mouvement déterminé; et heureux le peuple dont toutes les lois et toutes les institutions sont si bien liées et co-ordonnées, qu'il est ramené, par des influences qui le modifient tous les jours et dans tous ses points de contact, au principe sur lequel est fondé son gouvernement.

Les peuples se gouvernent diversement. Cette diversité a pour base la manière dont les propriétés sont divisées, le degré de lumières où ils sont parvenus, le genre d'industrie auquel ils se livrent, et du culte qu'ils pratiquent. Entre la démocratie pure, qui est en politique une sorte de beau idéal, et qui dégénère bientôt en despotisme de la multitude, et le despotisme d'un seul, qui est le fruit du crime de quelques-uns et de la stupidité de tous, et qui se termine par l'insurrection et la désorganisation, il y a une foule de constitutions mitoyennes. Le gouvernement représentatif convient à un peuple qui a déjà traversé le siècle brillant de l'imagination et des arts, et qui est parvenu à celui de la géométrie et de l'analyse. De la combinaison de ces deux éléments, il se forme un esprit nouveau, qui réunit à l'élévation et à la noblesse du premier, la justesse et la méditation du second. On sent qu'un gouvernement où toutes les opérations se font par des procureurs constitués, sous la surveillance et l'inspection continuelle des constituants, qui, outre la responsabilité qu'ils peuvent exercer, ont encore un droit de censure sur tous leurs magistrats, par les réélections ou les exclusions, forme une manière d'être bien mieux calculée, et conséquemment plus parfaite (car il n'y a rien en politique de bien fait que ce qui est calculé); que le gouvernement d'un seul à qui on a confié toutes les forces, contre lesquelles tous les droits n'ont pas de garantie. En effet, à peine avez-vous placé dans une des pages de votre constitution l'institution du monarque, que vous êtes obligé d'en imaginer mille autres pour balancer la force de celle-là. Vous avez, sous prétexte de sûreté, introduit l'ennemi dans la place, et vous êtes obligé de la garder contre les assiégeants, et contre cette partie des assiégés qui est toujours prête à se vendre à un chef. Une noblesse héréditaire, un culte dominant, une chambre des pairs, sont des sortes d'exostoses produites par cette maladie qu'on nomme *royauté*. Ajoutez que l'amour du monarque est encore un des principes de ce gouvernement; et les publicistes ont bien fait de le prescrire comme une loi, quand ce n'étoit plus une inclination.

Sous le gouvernement représentatif, il faut, si ce n'est les vertus propres à la démocratie, toutes celles du moins qui sont nécessaires pour exécuter des lois, qui n'ayant pas tout l'appareil des formes royales, ont besoin de trouver un appui dans le cœur de chaque citoyen. Il y faut encore cette droiture de l'esprit et cette incorruptibilité, qui produisent et garantissent la bonté des choix, et cet esprit de lumière et d'investigation avec lequel on examine sans cesse toutes les opérations des magistratures. On peut dire que le gouvernement représentatif est la patrie naturelle des pétitions, des discussions, des clubs, des journanx, des banquets, des partis et des disputes polémiques. C'est du sein de ce tourbillon que sort la lumière; c'est de tous ces éléments que s'entretient la liberté; et du moment où l'on s'endort, elle n'est déjà plus.

Les mœurs, le culte, les taxes ou contributions, les lois civiles, les institutions publiques, tout doit se rapporter au principe de ce gouvernement, qui a pour garantie l'amovibilité des magistrats, pour régulateur l'esprit public, pour base la propriété et la sûreté, et pour résultat la liberté et l'égalité,

PROPRIÉTÉ.

IL y a dans la société deux éléments extrêmement irritables, et que nul législateur (je parle de ceux qui sont doués de quelque prudence) ne touchera jamais qu'avec une grande circonspection.

On veut vivre commodément dans ce monde, et conserver encore des espérances pour l'autre; c'est ce qui fait que les niveleurs et les fondateurs de sectes ne meurent jamais dans leur lit. C'est une question purement philosophique, que de rechercher si la propriété est autérieure à la société, ou si elle est l'effet des lois par lesquelles elle s'est établie. Il est évident que sous le régime naturel, si jamais il exista, on jouissoit sans posséder, et que les conventions qui firent passer l'homme de l'état sauvage à l'état civil, changèrent la force en droit, et la possession en propriété. Les hommes, en traversant une longue filière sociale, se sont chargés, sur la route, de mille fausses idées; en sorte qu'on pourroit constater l'antiquité des peuples par l'embarrassant bagage de préjugés de toute espèce, sous le poids desquels ils sont comme étouffés. Les sociétés les plus anciennement constituées sur le globe sont les plus corrompues, et nous verrons bientôt que cette antiquité elle-même a amené une heureuse dégénérescence, qui ne peut se terminer que par une régénération. Les vieux peuples, ou plutôt ceux qui les gouvernent, ont donc des propriétés de divers genres, ou pour parler avec plus de justesse, ils couvrent de honteuses usurpations du nom de propriété. Ils ont des propriétés féodales, des propriétés ecclésiastiques, des propriétés de place, de magistrature, des propriétés de serfs, et il y a même des pays où l'homme est une propriété, et ne peut pas lui-même être propriétaire. Le grand siècle qui a donné naissance à la grande nation, a anéanti toutes les propriétés factices ou usurpées, et il a placé les propriétés individuelles sous la garantie de toutes les lois et sous la protection de tous leurs organes. Ces propriétés ne peuvent être atteintes que par des contributions proportionnées aux dépenses que leur garantie nécessite, et dont chacun peut calculer la mesure et vérifier l'emploi. . . . . . Environnons la propriété d'un triple rempart : j'oserai le dire ; il y a dans toutes les démocraties une force démagogique qui tend à l'invasion. Plusieurs ont péri par-là, et la violente aristocratie de Rome ne put empêcher que le premier sang qui rougit ses pavés, ne coulât dans une occasion de ce genre.

Voulez-vous être tranquilles, respectez les propriétés; voulez-vous être justes, respectez les propriétés; voulez-vous être libres, respectez les propriétés : car il n'appartient qu'à un despotisme sans vergogne, de faire de ces envahissements qui n'atteignent d'abord le riche que pour ruiner bientôt le pauvre. Les anciens avoient fait de leurs limites des dieux : image imposante, qui nous appprend l'idée qu'ils attachèrent à la propriété ! Chaque discours que vous prononcez contre la propriété (s'écrioit Vergniaud), voue à la stérilité plusieurs milliers d'arpents de terre. Je ne parle pas ici des amendes dont la loi peut punir le crime, ni des secours que l'état a le droit de demander dans des temps de convulsions et de pénurie, ni des propriétés volées à un gouvernement durant les orages d'une révolution : celles-ci, il a le droit de les reprendre par-tout où elles peuvent se trouver. On accourt aux révolutions comme aux incendies; les uns y vont pour secourir, les autres pour voir, les autres pour voler; mais quand le ſeu est éteint, il est juste de punir les filoux.

Quant à l'égalité des partages, à la défense de disposer après décès, à l'abolition des donations et des substitutions, ce sont des institutions essentielles au gouvernement représentatif; ce sont comme autant d'écluses que la loi a placées pour subdiviser, sans convulsions, les propriétés; et quand on voudra changer le principe du gouvernement représentatif, pour le détruire, on demandera le rétablissement du droit de tester : comme si un homme qui ne possède plus la vie, pouvoit posséder encore quelque chose, et exercer encore des droits de cité, quand il n'appartient plus à la cité, mais au tombeau. Plus on y réfléchira, plus on verra que les droits d'un homme s'éteignent avec sa vie, et que c'est à la loi, et non à une volonté qui n'est plus, à désigner ceux que la nature et l'utilité publique appellent à partager ses dépouilles,

Des hommes essentiellement égaux en fortune sont portés à desirer un état politique qui les rende encore égaux en droits. Une grande inégalité dans les fortunes pousse les hommes au gouvernement d'un seul. On conçoit comment un homme qui a beaucoup de propriétés, desire encore beaucoup d'influence politique. Comblé de fortune, on n'est pas content, on desire encore etre comblé d'honneurs : une monarchie en est prodigue ; une république en a peu à donner. Peu d'hommes ont une grandeur personnelle ; quand on n'a que cinq pieds de haut, on monte sur une haute chaussure, et on prend une coiffure plus élevée : on s'agrandit par les deux extrémités. Il y a une action du monarque qui favorise l'inégalité, et une réaction de l'inégalité qui favorise le monarque ; tout comme le gouvernement représentatif donne à l'égalité l'appui qu'il en reçoit. On étoit bien maître, assurément, de fixer comme on vouloit les conditions de la vente des propriétés nationales ; et si on eût pris dès 89 les sages mesures qui furent prises en 93 pour leur division, on eût affermi, en multipliant le nombre des propriétaires, la révolution, et fortifié le principe du gouvernement représentatif.

COMMERCE.

La passion et la partialité ne présentent les choses que sous un seul de leurs rapports ; mais la raison les examine tous, et la bonne foi n'en cache aucun. Chez un peuple qui n'est qu'agriculteur, tout porte l'auguste empreinte de la simplicité et de l'égalité ; mais chez un peuple qui est à-la-fois militaire, agricole, commerçant et manufacturier, il y a une foule d'éléments qui se compliquent, qui se balancent et se neutralisent, et qu'il faut faire entrer dans tous les calculs, si on ne veut pas sacrifier quelques-unes des branches de sa prospérité à des théories mesquines et sans profondeur. Il ne faut pas couler toutes les forces d'une industrie existante dans le moule étroit d'une loi monacale, mais en élargir les formes suivant que les facultés industrielles s'agrandissent. Quelque démocrate que l'on soit ou que l'on puisse se vanter d'être, on est forcé de convenir, que si d'un côté l'égalité est essentielle dans le gouvernement représentatif, de l'autre l'inégalité est collatérale au commerce, et comme cause et comme effet. Ce n'est qu'avec de grands fonds, qu'on peut se livrer à de grandes spéculations, faire des expéditions lointaines, élever de grands ateliers. L'agglomération des propriétés mobiliaires, tel que l'argent, les fonds publics, les lettres-de-change, les marchandises, les vaisseaux, sont donc nécessaires au commerce et à toute cette partie de la population, qu'il fait vivre par des salaires, car le commerce n'est pas seulement colporteur, il est créateur. Mais il ne paroît pas avec la même évidence, que les agglomérations de terre portent le même caractère d'utilité, quelque fécondité qu'on puisse gratuitement attacher aux grandes exploitations.

Il y a dans l'esprit humain une sorte d'inquiétude qui tient plus à son activité qu'à des besoins réels. Cette activité a pour élément dans les monarchies les honneurs, dans les républiques aristocratiques les places, dans les démocraties les vertus. Mais sous le gouvernement représentatif, comme les places sont temporaires et peu lucratives, il faut que les ambitions prennent un autre cours, et qu'on leur creuse un autre lit, pour qu'elles n'envahissent pas le gouvernement. Ce cours est dans l'espérance de la fortune par le commerce. La gloire est encore un aliment propre aux grandes ames; mais heureux le peuple qui n'a pas une grande gloire à distribuer, car alors il est tranquille; et comme il ne demande pas d'éminents services, il n'a pas à craindre la reconnoissance, qui fit les esclaves. On sait que l'ingratitude est, si ce n'est la vertu, du moins la précaution la plus utile des hommes libres. Mirabeau voyant des hommes attelés à sa voiture, s'écria : « Je vois comment la reconnois- » sance rendit les peuples esclaves ». Les atteintes qu'on porte à la propriété même pour le bien public, sont comme ces remèdes qui soulagent un instant, mais qui portent dans les veines le germe d'une mort progressive. Vous découragez tout le monde ; vous le détachez du gouvernement, pour le rendre à son égoïsme ; vous détruisez cette ambition, qui est l'ame des grandes sociétés, que l'on ne peut purger de toute corruption.

COMMUNAUX. LA destination nouvelle qu'on devoit donner aux anciennes propriétés communales, étoit une grande et belle question : elle n'a jamais été traitée sous tous ses rapports, ni présentée sous toutes ses faces : destinée commune, depuis la mort de Mirabeau et le silence de Sieyes, à toutes nos grandes questions économiques et politiques. On a porté la hache et la coignée dans les bois, et les forêts ont été détruites. On a porté la charrue sur les pentes et les crêtes escarpées, et les montagnes sont descendues dans les vallées; on a divisé par têtes, mais les pauvres ont vendu leurs lots aux riches, et on a augmenté l'inégalité ; on a voulu jouir par indivis, et sous prétexte de jouissance, on a empêché la reproduction par le pâturage des troupeaux, et détruit toute espérance par l'extraction des troncs. Des hôtes nouveaux sont venus ensuite féconder ces bruyères : ils y ont bâti des cases, et ils ont privé les communes d'une propriété forestière, pour s'en créer une aratoire. Les forêts nationales ne sont pas beaucoup plus ménagées que les communales : on a encouragé et exécuté les défrichements jusqu'à la fureur ; il sembloit que rien ne devoit rester debout, et que le même mouvement qui faisoit tomber les vieilles lois, devoit dans une chute commune entraîner les vieux arbres. On ne songeoit qu'au blé et à la charrue; et pour avoir plus de laboureurs, on multiplioit les bucherons. On ne songeoit pas que les besoins journaliers de l'homme se composent de divers éléments; que la sagesse consiste à entretenir un juste équilibre entre eux, et qu'on ne peut avoir ni maison, ni charrue, ni pain sans bois.

Le mouvement sublime qui convertit une grande partie de la population en forgerons et en salpêtriers, a encore augmenté la disette du bois : elle est parvenue à un point tel, qu'il y a de quoi en être effrayé. Mais la nature qui sembloit prévoir nos prodigalités, a renfermé dans les entrailles de la terre des buchers artificiels, pour nous secourir dans nos besoins. Les montagnes renferment des carrières de charbon et de houille, et les vallées des tourbières dont l'usage n'est pas assez connu, ni l'exploitation assez encouragée; car j'ai vu une commune entière périssant de froid, sur un sol qui renfermoit une excellente tourbe. De plus, il y a dans les montagnes subalpines des forêts qui paroissent aussi anciennes que les terres escarpées qui les portent. Elles tombent de vétusté et pourrissent, sans que l'homme en retire aucun usage, quoiqu'elles ne soient pas situées à plus de deux où trois lieues des rivières navigables. Mille écus employés à tailler une route dans ces montagnes, procureroient à l'homme leurs utiles dépouilles. La visite faite par les gens de l'art, des terres qui renferment des tourbes, des houilles et des charbons fossilles, et des encouragements donnés à leur exploitation, sont autant de mesures qui, en ouvrant une route nouvelle à nos besoins, détourneroient cette hache populaire, qui menace nos antiques forêts d'un entier renversement. Un accroissement de taxe, sur les feux qui n'appartiennent qu'à des besoins factices, et au luxe, outre l'économie du bois, produiroit encore cet effet moral, de réunir au même foyer les individus qui s'isolent, lorsque la nature les appelle, par les doux liens de famille, à se réunir.

MARAUDAGE.

LES propriétés individuelles ne sont pas elles-mêmes à l'abri des atteintes. Le maraudage des fruits de la terre a reçu, au sein de la tourmente révolutionnaire, une activité nouvelle. Avant le 18 fructidor, les agents toléroient ces excès, et les juges de paix, soit politique, soit pusillanimité, ne les punissoient jamais. On sent fort bien qu'en éternisant l'anarchie, leur but étoit de faire dire à tous les propriétaires : « Aujourd'hui l'on n'est maître de rien, on étoit mieux » autrefois, il y avoit des lois, et l'on punissoit». Les pertes même qu'éprouvoient dans leurs récoltes ces agents et ces juges corrompus, étoient une prime volontaire qu'ils payoient pour obtenir un trône. Le défaut de garde-champêtre dans la plupart des communes, tient au même système. On veut absolument faire crier, on veut que la révolution demeure entachée du crime qui n'est que celui de ses ennemis : on consent même à être plus pauvre, pour avoir l'honneur d'être un jour le tyran de quelques esclaves, et l'esclave de quelques tyrans. Mais il appartient aux hommes de la révolution de créer le code de la propriété, de lui élever des autels, et de faire retomber l'odieux du brigandage sur la tête de ces Machiavels campagnards qui le tolèrent et ne le punissent pas. Ce code, qui renfermeroit les anciennes lois sur le déplacement des limites, sur le maraudage des fruits, sur le coupement des arbres, avec celles qu'on pourroit faire encore sur toutes les spoliations des campagnes et sur les filouteries des villes, rassureroit peut-être ces hommes qui se plaignent de ce que la républiq ie mange tout, parce qu'ils ne peuvent plus manger les républicains eux-mêmes : gens vils qui jettent les hauts cris sur le vol d'un épi, et qui ne donneroient pas u 1 écu pour sauver la vie d'un homme; qui veillent autour de leur gerbier, et qui se dessèchent autour de leur trésor; qui ont leur ame et leur sang dans leur bourse, et qui font comme un peuple et même une espèce à part, car ils n'appartiennent ni à la patrie qu'ils déshonorent, ni à l'humanité dont ils sont l'opprobre.

L'autorisation accordée à tous les cantons, de lever sur leurs sous additionnels, une brigade de gendarmes, gardes-champêtres, produiroit les effets suivants: 1°. préserver les propriétés et les récoltes; 2°. donner la chasse aux émigrés, aux prêtres réfractaires, aux déserteurs; 3°. prévenir les assassinats; 4°. assurer une retraite honorable à nos anciens défenseurs; 5°. seconder les commissaires de canton, qui sont des têtes sans bras, et autrefois sans corps; car on sait ce qu'étoient les municipalités avant le 18 fructidor.

Mais pour utiliser cette nouvelle gendarmerie, il faudroit prendre les mesures suivantes; 1°. exiger le changement de chaque gendarme par quartier; 2°. leur attribuer une part dans le produit des captures; 3°. les obliger à tenir un registre journalier de travail, qui devroit être visé tous les deux jours par les agents et le commissaire; 4°. assurer la réalité de leur travail par des jonctions de brigades entr'elles, faites à des points convenus et à des heures variées, tant de jour que de nuit. Le rapprochement des divers journaux de travail qui doivent en indiquer les heures, les lieux et le mot d'ordre, est singulièrement propre à assurer le service,

CONTRIBUTIONS.

QUANT aux taxes et aux contributions, depuis la grande dispute du produit net qui a préparé la révolution (car ce furent les économistes qui donnèrent naissance aux philosophes et aux encyclopédistes, et ceux-ci aux hommes de la révolution), on sait actuellement à quoi s'en tenir, et il existe un nombre de données suffisant pour la solution de l'une des questions les plus épineuses de l'économie sociale. Il y a dans l'assiète de l'impôt à concilier les intérêts, divergents aux extrémités, et réunis au point central de l'agriculture, des fabriques, du luxe, des colonies, de la navigation, du commerce ; toutes ces branches ont eu une part dans cet immense et éternel bienfait que la révolution a versé sur la France. L'agriculture est franche des dîmes, qui s'élevoient à 70 millions, des prestations féodales, qui montoient à plus de 100 millions, et des gabelles, qui les frappoient à-peu-près d'une pareille somme ; sans compter les expropriations, les emprisonnements pour cause de saisie féodale, de chasse, de pêche, de corvée seigneuriale.

Les manufactures et l'industrie sont libres des privilèges exclusifs, des jurandes et maîtrises, des visites, des inspecteurs, des marques, et de toutes les lisières dans lesquelles le gouvernement les avoit emmaillottées pour les empêcher de grandir.

Le commerce intérieur est libre des droits de douane, péages, octrois, traite vive, traite morte, méage et rebillotage, qui montoient à plus de 100 millons, sans compter les contrevenants qu'on jetoit dans les prisons et qu'on envoyoit aux galères, les cent mille procès-verbaux qu'on faisoit chaque année, les opérations que l'on retardoit et que l'on faisoit manquer, les vexations, les extorsions, les banqueroutes et la ruine, suite nécessaire du plus horrible fléau dont le commerce d'aucun peuple ait jamais été frappé.

Le grands blancs des colonies ont perdu leurs esclaves, mais plus de deux millions de noirs sont devenus libres, et nous ne sommes plus dans le temps où des hommes graves traitoient sérieusement la grande question de l'épiderme.

Voilà les avantages incalculables qu'a produit la révolution ; mais ces grands biens n'ont pu s'opérer sans le mélange de quelques maux ; et l'on ne veut pas voir que ceux-là sont éternels, et que les autres sont passagers, comme le mouvement qui les a fait naître.

L'agriculture souffre par le défaut de proportion dans la répartition de l'impôt territorial. Il y a des terres qui payent

payent une moitié de leur produit net, et d'autres qui n'en payent pas le dixième. Les estimations sont si fautives, qu'on est obligé de percevoir, dans quelques communes, le double du revenu désigné dans l'estimation. Un cadastre est une mesure généralement desirée; mais en attendant, il faudroit une loi qui rendît moins difficiles, et sur-tout moins coûteuses, les justes demandes en dégrèvement, fondées sur des baux à ferme faits de bonne foi, et sur des estimations faites en présence des agents du gouvernement.

L'agriculture souffre encore, parce que les fluctuations de l'opinion, et le choc des factions qui en est la suite, n'ont pas encore permis à l'équilibre de se rétablir entre le prix des denrées et celui des salaires. Le blé est au-dessous de sa valeur de 89 ; et le salaire des ouvriers, des domestiques, le prix du fer, du bois, du charronage, et tout ce qui est nécessaire à une exploitation agricole, a doublé. L'équilibre se rétablira par toutes les causes contraires à celles qui l'ont détruit; mais, en attendant, on sent combien il est nécessaire de jeter ailleurs une partie du fardeau dont l'agriculture est accablée.

L'agriculteur ne voudroit que des impositions indirectes, et le commerçant, que des impositions sur les terres. Un gouvernement obéré les prend où il peut ; un gouvernement économe, où il doit. Les contributions directes ont cela de commode, qu'elles coûtent peu de frais, nécessitent un très-petit nombre d'agents; mais elles ont cela de désastreux, qu'elles ne changent pas, quand le produit net change, et que le gouvernement perçoit encore là où le propriétaire n'a rien du tout perçu, et qu'elles portent sur la presque totalité de la population, et atteignent avec le riche, le pauvre, qui, dans les autres genres d'industrie, ne se trouve presque pas frappé.

Les taxes indirectes ont cet avantage d'être volontaires et presque insensibles ; de se payer au fur et à mesure des besoins ; de se proportionner aux consommations, et conséquemment aux fortunes, et de ne point frapper le pauvre, qui ne fait aucun de ces actes, et ne consomme aucune de ces denrées qu'elles atteignent ; mais elles ont ce désavantage d'amener avec elles toutes les gênes et les vexations d'un fisc curieux et inquisiteur. C'est dans cette balance, et d'après la connaissance de ce que les produits agricoles et industriels d'un pays peuvent supporter, qu'il faut chercher le meilleur mode d'asseoir les contributions. Mais si ce peuple sortoit épuisé et sanglant des griffes d'un despotisme qui avoit multiplié les impôts vexateurs, il faudroit se garder d'en ramener aucun du même genre ; car la simple barrière où on le forceroit de s'arrêter, lui rappelleroit le trône et ses malheurs passés, et il croiroit n'avoir pas changé de condition.

On parle d'un impôt sur le sel : c'est comme si l'on proposoit un impôt sur le pain ; il se lève en raison inverse des fortunes : car le pauvre, par les viandes salées, par les pommes-de-terre, et par l'impossibilité où il est de se procurer d'autres assaisonnements, en consomme individuellement plus que le riche. Vous dites que c'est l'impôt le plus égal et le plus aisé à percevoir ; et moi je vous dis que c'est de tous les impôts le plus inégal, parce qu'il n'est pas proportionné aux fortunes, et parce qu'un besoin de première nécessité n'est raisonnablement ni politiquement imposable. Il est un fléau pour l'agriculture, déjà si surchargée, puisque cette denrée est consommée par les grands et petits troupeaux. Et quant à la perception, dans quel endroit la placerez-vous ? Sur les marais salants ? vous énervez ce genre d'exploitation. Au sortir du marais ? vous serez alors obligé d'entourer toutes les côtes de France d'employés, et de casser, comme autrefois, toutes les cruches avec lesquelles on puisera l'eau de la mer,

A la revente dans l'intérieur? voilà les exercices, les brigades et les inquisitions qui reviennent. Concluons que ce droit est meurtrier de l'agriculture, assassin de la pauvreté, et aussi impolitique pour le moins, que les droits proposés sur les bœufs et sur les moutons, qui rappellent trop le pied fourchu et la traite vive, pour n'être pas rejeté par une assemblée de législateurs patriotes.

En prenant notre systême de contributions tel qu'il est, on voit qu'il est susceptible d'amélioration, par une répartition plus égale de l'imposition sur les terres, et par un impôt assis sur les sucres, cafés, épiceries, eaux-de-vie, lors de la revente, et par une autre imposition dont on pourroit frapper les voitures, les domestiques et autres objets de luxe.

On ne peut atteindre les fortunes immobiliaires que par les consommations, et par celles seulement qui leur sont exclusives. Car, pour les capitations et taxes arbitraires, on peut bien y recourir une fois pour commencer une révolution, et une autrefois pour la terminer, mais c'est toujours un pressoir que vous placez entre les mains de la faction dominante et avec lequel elle pressure la faction vaincue, sans s'appercevoir que dans les incalculables chances qu'amène un état de révolution, elle trouvera un jour sa place dans le pressoir national. L'arbitraire ne vaut rien nulle part, et heureux les peuples qui ont des mœurs et des lois, telles qu'ils puissent s'en passer. (La bonne compagnie s'est amusée pendant trois ans à répéter le vocabulaire de sa grosse gaîté, en traitant tous les patriotes de buveurs de sang et de voleurs; ils sont presque tous plus pauvres qu'avant la révolution; et ceux à qui on a donné le nom modeste de réacteur, nagent dans l'opulence. C'est une vérité tellement évidente et universelle, que sur quelque point de la république qu'on se trouve; on peut là constater en jettant les yeux autour de soi : on saura bientôt où sont les dilapidateurs; et quant aux hommes de sang, on sait, par une expérience de trois ans, à quel parti ils appartiennent).

Les fabriques souffrent beaucoup par la hausse de l'intérêt; mais cet intérêt diminuera journellement par le raffermissement du gouvernement, par la compression des factions, et par la paix qui consolidera les établissements intérieurs, et ouvrira des débouchés à nos fabriques. Tant que nous retirerons de l'étranger plus que nous ne lui fournissons, le change sera contre nous. Nous sommes donc intéressés à fabriquer beaucoup, et à fabriquer à bon prix, afin d'avoir la préférence dans les divers marchés de l'Europe, et afin de solder nos comptes à l'étranger, en marchandises dont le prix doit alimenter les ouvriers français, et non en argent dont la sortie occasionne toujours un épuisement. Les 70 millions d'actif que nous avions annuellement et avant la révolution dans nos comptes avec l'étranger, étoient l'un des effets de la prospérité du commerce. La baisse de l'intérêt et du change, l'activité des fabriques, l'ordre public, le crédit public, la paix, tout cela se tient et compose dans la société une voûte dont la clef est l'affermissement du gouvernement. Les manufacturiers et les négociants ont donc à le soutenir un intérêt encore plus pressant, que toutes les autres classes de la société. Un état de convulsion paralyse le commerce, mais n'arrête pas la charrue. Que leur feroit un roi! il rétabliroit le domaine d'occident, les douannes intérieures, les compagnies exclusives pour l'Inde et la côte de Guinée, les privilèges pour les fabriques, les inspecteurs pour les vaisseaux, et les vexations partout: et encore, pour parvenir à cet état d'esclavage, il faudroit traverser un demi-siècle de guerre civile, où les manufactures seroient brisées, les marchandises enlevées, les vaisseaux pris et les armateurs égorgés. Des hommes qui calculent toujours, ne peuvent pas raisonnablement faire un tel calcul.

MŒURS.

Je passe à d'autres considérations. Il y a des peuples que corrigent l'effet des mauvaises lois par de bonnes mœurs, et d'autres qui corrigent l'effet des mauvaises mœurs par de bonnes lois. Comme je ne raisonne pas ici théologiquement, j'appelle bonnes mœurs les habitudes franches et droites qui nous conduisent tout naturellement, et presque à notre insu, vers tout ce qui est juste et honnête, dans toutes nos relations avec nos proches, avec nos concitoyens, et avec la collection de tous les individus, qui est l'état. J'appelle mauvaises mœurs ces habitudes fausses et doubles; cette fraude de tous les jours par laquelle on commet deux crimes, celui de manquer à la justice, et celui encore de paroître un homme juste. Sous le gouvernement arbitraire, il ne peut pas y avoir de bonnes mœurs publiques; pourquoi seroit-on fidèle à un gouvernement qui déclare ne vous rien devoir? et quant aux mœurs domestiques, l'exemple contagieux d'une cour, qui se répand sur tout l'état, la mollesse, l'avidité, l'égoïsme, qui résultent d'une situation inquiette et pénible, les détruit autant qu'il est possible. Le despotisme isole, amollit; la liberté est essentiellement franche et communicative.

Nous sommes donc travaillés par deux espèces de maux : par les mœurs fausses et molles de l'ancien gouvernement, et par les habitudes dures et arbitraires qu'on a pu contracter dans le passage violent de l'ancien au nouveau; et toutes ces mœurs-là réagissent avec fureur contre l'établissement actuel. Je ne parle pas de toutes les autres résistances, dont on ne paroît pas avoir jamais bien connu ni justement apprécié l'intensité : savoir, la résistance de l'intérêt, des préjugés et de l'orgueil, à toutes les idées de liberté, ou même de novation; la résistance active de tous les ennemis qu'ont fait à la révolution les mesures exagérées; la résistance passive de tous ceux que les mesures rétrogradées ou contradictoires ont jeté dans une sorte de découragement et d'apathie; la résistance de cette Autriche intérieure, qui s'est toujours remuée dans le même sens et par les mêmes mouvements, que l'Autriche allemande, qui portoit les livrées de l'archiduc Charles, et accabloit d'injures Bonaparte; qui a eu si long-temps dans la république son directoire, ses banquiers, ses journaux, ses officiers, et ses bourreaux.

Toutes les résistances de ce dernier genre ne peuvent être vaincues, que par des mesures de sûreté, et elles sont du ressort du gouvernement. Quant à celles qui proviennent des mœurs, il s'agit bien moins de les attaquer de front, que de les miner peu-à-peu, et c'est à la législation à les réprimer.

PROMULGATION DES LOIS.

IL y a dans toute société deux éléments qu'il faut vaincre, la force avec ses mille bras, et la fraude avec ses mille détours. A ces deux éléments, toujours actifs et qui ont l'égoïsme pour base, qu'avons-nous à opposer? la loi. Il faut donc donner à la loi une puissance morale, capable de la faire triompher toujours, et inspirer aux citoyens la volonté de toujours obéir. Sur le premier objet, qu'a-t-on fait? rien, absolument rien. Les formalités de la promulgation de la loi ne se trouvent pas dans la constitution. Les lois sont comme ensevelies dans un bulletin, qui ne s'affiche, ni ne se publie, et que les fonctionnaires seuls lisent ou même ne lisent pas. Cependant une loi civile change la condition des citoyens entr'eux, et une loi politique change les relations des citoyens avec le gouvernement : et vous ne les avertissez pas de ce changement d'état. Il faudroit donc régler la forme de la promulgation des lois; et comme elles ont des degrés très-divers d'influence, il faudroit adopter divers degrés de solemnité, et éviter l'inconvenance d'un appareil égal, pour une loi qui supprime un bureau ministériel, et pour celle qui intéresse tous les citoyens. Lorsque le peuple apperçoit le développement d'un certain appareil, il en est frappé, il court à cet objet nouveau, il écoute avec attention, il retient les dispositions de la loi, et il vous sait gré des soins que vous prenez de la lui lire et de la lui expliquer. Il comprend alors qu'il est compté pour quelque chose, puisqu'on veut bien se donner pour lui une telle peine. Assurément l'idée de lire publiquement la loi aux citoyens réunis dans le chef-lieu du canton, n'est pas une idée très-difficile; cependant on diroit qu'elle n'est venue à personne, car on ne l'exécute nulle part dans les campagnes. L'exécution des lois tient beaucoup au respect qu'inspirent leurs organes. Il est important que leur installation soit toujours publique et solemnelle, et que la loi les place sous tous les regards. Quant à la bonne volonté des citoyens à obéir, il y a un moyen fort simple de l'inspirer, c'est que la loi leur soit toujours utile, c'est qu'elle soit toujours l'expression de leur volonté, et une bonne loi n'est pas autre chose. Lorsque la contre-révolution étoit au corps législatif, le peuple ne lisoit aucune loi; ne marquoit aucun zèle, il ne secondoit nullement des mesures qu'il pressentoit devoir lui être funestes. Dans une fête publique qui fut donnée en 1792, au champ de Mars, la cour fit présenter l'image de la loi, sous la forme d'un requin à gueule dévorante : c'étoit bien là une vraie loi royale, et l'on dut savoir gré à l'ingénuité de la cour, qui se peignoit si bien elle-même. Dans nos solemnités républicaines, la loi doit être présentée sous des formes libérales. La bonne tenue des législateurs est encore un puissant véhicule à l'exécution de la loi. Quand par des motions incendiaires, le législateur verse lui-même le mépris sur la loi existante, comment voulez-vous qu'on lui obéisse! On fit aux cinq-cents une motion pour rapporter la loi de police sur les cultes, et tout de suite cette loi demeura sans exécution ; on ne voulut plus prendre sur soi d'exécuter une loi dont on prévoyoit l'abrogation, et chaque fonctionnaire craignit de s'appuyer sur elle pour ne pas tomber ensemble. Les prêtres déportés et les réfractaires reprirent leurs anciennes places ; et ainsi l'inconsidération et la corruption de quelques hommes, paralysèrent une mesure sans laquelle il n'y a pas de république possible en France.

Mais, quelque caractère d'utilité que puisse avoir une loi, elle blessera toujours quelques intérêts ; il faut donc instituer une force destinée à en triompher ; et comme la force est toujours sur le point d'abuser, il faut que son organisation soit faite de telle sorte qu'elle puisse toujours vaincre les résistances partielles, et jamais la volonté générale ; qu'elle soit toujours l'instrument de la loi, et jamais son régulateur.

GARDE NATIONALE.

UN grand établissement est né spontanément de la révolution, c'est la garde nationale. Elle rend aujourd'hui peu de services ; elle est en quelque sorte tombée par les causes générales qui ont amené la décadence de tout ce qui étoit bon et utile. Mais une loi qui excluroit de tous les emplois du gouvernement, ceux qui ne font pas leur service en personne ; qui accorderoit des prix, des distinctions civiques, à ceux qui marqueroient, dans ce service, de l'exactitude et du zèle, et mille autres mesures du même genre, sont d'une utilité trop frappante pour que je m'y arrête plus long-temps. Ce grand établissement se relèvera avec tous les autres, par le développement de l'esprit public, et l'esprit public, par un gouvernement vigoureusement patriote, et par des législateurs profondément sages.

La garde nationale a ce triple mérite, de rapprocher les hommes, de rendre l'égalité pratique, d'étouffer des haines qui ne fermentent que par l'isolement et faute de point de contact ; cet autre mérite, d'accoutumer la jeunesse aux armes, aux fatigues, de lui inspirer un esprit militaire et de former une nation invincible ; et le troisième, d'établir l'ordre par une police toute fraternelle, qui n'est ni mercénaire ni étrangère. Ce seroit un beau spectacle que celui d'un peuple qui ne feroit rien avec de l'argent, et qui feroit tout par lui-même : mais ces idées appartiennent trop à la démocratie, pour qu'on doive les appliquer trop rigoureusement au gouvernement représentatif ; il ne doit emprunter d'elle que ces institutions vivifiantes qui sont nécessaires à sa conservation, et non ces éléments fougueux dont l'austérité des vertus démocratiques adoucit la violence, et qui n'ayant pas ce frein dans le systéme représentatif, y deviennent des éléments perturbateurs.

JOURNAUX

IL y a dans les sociétés modernes une nouvelle puissance qui fut inconnue des anciens ; qui a toute la force d'une grande magistrature populaire, et qui n'a reçu aucun pouvoir du peuple ; qu'on ne peut abandonner à elle-même, sans courir le risque de voir le gouvernement s'écrouler sous ses atteintes, et dont on ne peut circonscrire la marche sans apporter une gêne momentanée à la liberté : puissance utile sous un gouvernement solidement établi, dont elle éclaire et censure toutes les opérations : puissance dangereuse sous un gouvernement nouveau et chez une nation légère, pour qui la réforme de l'an dernier est déjà une antiquité ; salutaire, par toutes les lumières qu'elle répand chaque jour ; nuisible, par l'esprit de parti qu'elle alimente et les factions qu'elle crée et rallie. On voit que je veux parler des journalistes,

Au commencement de la révolution, on les vit élever un atelier immense, dans lequel chacun travailloit avec zèle les matériaux propres à bâtir le temple de la liberté. A peine fut-il achevé, on les vit, comme des furieux, armés de haches et de flambeaux, arrachant chaque jour une des pierres à cet édifice couvert de tant de gloire, et cimenté de tant de sang (1). On les a saisis au milieu de leurs complots, et puisse leur hache destructrice être enfouie au centre de la terre !

Il n'y a pas de gouvernement au monde, quelque juste, quelque populaire qu'il soit, qui puisse résister à l'influence d'une centaine d'écrivains, qui, par un million de feuilles, parlent tous les jours à quatre millions d'hommes. C'est une nouvelle tribune placée à côté de la tribune législative, et qui est plus sonore qu'elle. En Angleterre, en Amérique, on a conservé la liberté des journaux ; mais à cette liberté qu'oppose-t-on ! la corruption. En France, on a négligé ou méprisé ce moyen, et l'Angletere et l'Autriche se sont emparées de ces tribunes. O honte ! des Français n'ont pas craint de se faire les esclaves des rois, pour devenir les empoisonneurs des républicains. Le 19 fructidor, on fut obligé de mettre un bâillon dans la bouche de ces orateurs autrichiens, et c'est de toutes les mesures prises ce jour-là, la plus forte, la plus salutaire.

Une grande question s'ouvrira à la prochaine session ; ce sera de savoir si on devra proroger encore pour une année le bâillonnement de toutes les bouches anglaises. On ne manquera pas de revenir sur tous les arguments que les Vaublanc et les Dumas firent à l'assemblée législative, contre une liberté qui fatiguoit le gouvernement royal, et qu'ils refirent depuis, en sens inverse, aux cinq-cents, en faveur d'une liberté qui paralysoit, qui frappoit le gouvernement républicain. Des hommes nés hier à la république vous entretiendront des droits

---

(1) *Il est juste d'observer que ce ne furent pas les journalistes révolutionnaires de 89 qui se portèrent à ces excès, mais bien leurs trop indignes successeurs.*

de l'homme, auxquels ils ne croient pas, de la souveraineté du peuple qu'ils ont trahi, et de la liberté, dont ils ne veulent si fort étendre les limites qu'afin qu'elle disparaisse tout-à-fait. Les contradictions ne leur coûtent rien, ils ont bu toute honte, et ils sont honteusement exercés à soutenir le pour et le contre, et à se servir des armes royales ou des armes républicaines, suivant le temps, les occasions ou les circonstances. Ils ressemblent à ces corsaires qui naviguent avec un double et triple pavillon; et vous êtes tout surpris de voir ces hommes, autrefois si royaux, ces pleureurs éternels de Louis XVI, tantôt vêtus de la sale guenille des sans-culotes, tantôt armés de la massue des rois; hier, clichiens jusqu'à la fureur, aujourd'hui fructidoriens jusqu'à l'ostracisme; mais toujours minants et contre-minants; partisants de tous les extrêmes; vous échappant à la faveur de tous les costumes; allant toujours par des routes diverses à leur but, qui est d'aigrir les esprits, de désorganiser les autorités, d'avilir les lois, et de déshonorer la république, s'ils ne peuvent la détruire. La fourberie, la corruption la, duplicité, sont le caractère des esclaves; ils sont ceux du parti aristocratique; et on ne peut reprocher à ses ennemis trop généreux qu'un excès de franchise, qui ne leur a jamais permis de garder aucun secret, et un excès de loyauté, qui les détourne naturellement de toute politique et de toute ruse.

Dans les temps de crise, les Romains ne trouvoient d'autres moyens de se sauver que dans la création d'un dictateur, à qui ils accordoient le droit de vie et de mort sur tous les citoyens. Combien notre sort est plus heureux, puisque la censure des journaux produit chez nous le même effet, sans entraîner les mêmes dangers!

Un autre moyen de donner une direction saine à l'opinion (cette puissance née de l'imprimerie, et dont le despotisme lui-même mordoit le frein en rugissant,) seroit de publier tous les décadis, des instructions sur la morale, sur la liberté, sur les lois, et sur les devoirs qu'exige la position du moment. Ces instructions faites par l'institut national, et devenues officielles par la sanction du gouvernement, obtiendroient le plus heureux effet par la lecture que les magistrats seroient obligés d'en faire dans toutes les communes. Les campagnes, sur-tout, manquent d'instruction : elles l'appellent de tous leurs vœux depuis huit ans ; mais elle ne leur vient point ; et elles béniroient la main éloquente qui leur traceroit, avec douceur, leurs devoirs d'homme et de citoyen.

SOCIÉTÉS POLITIQUES.

UNE grande institution naquit d'elle-même avec la révolution, car tout ce qu'il y a eu d'utile et de grand s'est fait pour ainsi dire de soi-même. Les réunions des premiers patriotes se nommèrent d'abord clubs, puis sociétés des amis de la constitution, puis sociétés populaires, puis cercles. Ce n'étoient d'abord, à Versailles, que des députés et des citoyens, qui causoient ensemble sur les moyens de sauver leur pays. On vit qu'on pouvoit tirer un grand parti de ces réunions pour déjouer les projets de la cour, et on en forma dans toutes les provinces. Celle de Paris acquit bientôt une grande énergie ; il s'en forma à côté d'elle pour soutenir le vieux trône, et successivement le trône nouveau qu'on venoit de créer. La grande société les dévora toutes. Ses efforts ayant été impuissants contre les manœuvres ténébreuses de la révision, elle ne laissa pas de relâche à la cour, et on lui dut le 10 août. A cette époque, les sociétés n'étoient pas seulement des réunions d'hommes instruits, qui cherchent à s'éclairer ; c'étoient des tribuns parlant à des multitudes assemblées, et prêchant une croisade sainte contre le despotisme. Plus la cour devenoit dangereuse, plus on alongeoit le levier qui devoit la renverser. Il

n'est

n'est pas un homme doué de quelque bonne foi, qui ne doive convenir que sans les sociétés, il n'y auroit pas eu de révolution en France, et que jusqu'à l'année 1793, elles ont rendu d'immenses services à la cause de la liberté, sans le mélange d'aucune espèce de mal. Mais il étoit dans leur destinée de suivre le sort commun. Robespierre s'étant emparé de la puissance suprême, elles partagèrent la commune servitude. Les épurations, qui n'étoient que le moyen adroit inventé par un tyran pour règner sans contradiction, y introduisirent les haines et les personnalités; et l'érection de la société de Paris en société métropolitaine, la servitude. Les patriotes virent arracher jusque dans leur sein, les philosophes les plus recommandables, et leurs têtes sanglantes furent présentées à ce peuple, qui avoit appris d'elles à bégayer les premiers noms de liberté et d'égalité.

Le 9 thermidor produisit une loi très-sage, qui ôta aux sociétés leurs correspondances, leurs affiliations, leurs actes collectifs, leurs auditoires, qui les dépouilla de toute leur influence politique, les émancipa de cette tutelle maternelle, cause unique de tous leurs maux, et mit chaque chose à sa vraie place. Mais la réaction se développant de plus en plus, on fit une chose fort ridicule, on les épura en sens inverse des épurations antécédantes, sans s'appercevoir que par-là on reconnoissoit en elles une vraie magistrature, lorsqu'on vouloit les dépouiller de tout pouvoir. Mais on ne se borna pas là, comme les sociétés des départements, qui s'étoient strictement renfermées dans les dispositions que leur avoit tracé la nouvelle loi, jetoient des cris importuns et prophétisoient la contre-révolution, les Rovère et les Aubri trouvèrent mauvais que les patriotes eussent l'audace de dénoncer les poignards qu'on aiguisoit d'avance pour les assassiner. On fit donc fermer toutes les sociétés, comme étant composées de seigneurs suzerains; et il ne fallut pas un médiocre talent à monsieur Mailhe pour prouver que ces ardents ennemis de toute féodalité, étoient eux-mêmes des seigneurs féodaux. Bientôt après on inventoria leurs papiers, on les poursuivit comme des bêtes féroces; et sous un régime libre, on vit les premiers apôtres de la liberté, peupler les cachots et aller demander aux cavernes des montagnes, les asiles que leur refusoit la république, qu'ils avoient contribué à fonder.

La faction qui avoit si mal-adroitement ou si perfidement gouverné, ayant été vaincue le 13 vendémiaire, les sociétaires acceptèrent avec enthousiasme la nouvelle constitution, et ils oublièrent leurs malheurs passés. Ils voulurent profiter de la liberté qu'elle leur accordoit de se réunir; mais Cochon, qui avoit appris dans les ateliers de Rovère l'art de fabriquer les conjurations, en jeta quelques-unes de sa façon dans le public, et les cercles furent dissous. Comme le gouvernement demandoit qu'ils fussent rétablis, on ouvrit une discussion, et Duplantier proposa ses portes vîtrées, un autre des écriteaux extérieurs, un autre qu'ils fussent enrégimentés par trente, un autre qu'ils fussent présidés par des commissaires de police, et toutes ces propositions s'évanouirent devant celle de les fermer absolument, qui fut, comme l'on sait, adoptée.

L'histoire remarquera que lorsque les représentants d'un peuple esclave (car il faut bien appeler de ce nom des hommes qui ne jouissent pas de la moindre liberté politique), soutenoient en Angleterre la cause des clubs, quelques représentants d'un peuple républicain, plaidoient contre elle, fournissoient ainsi des armes aux avocats des rois, et assassinoient la liberté chez deux peuples à la fois. Et ce qui pourra paroître étrange, c'est qu'on ne se soit apperçu que la prohibition du droit de se réunir et la clôture des sociétés, changeoient la forme du gouvernement, qui s'étoit enté sur cette précieuse institution.

Il fut un temps où des orateurs véhéments devoient faire gronder les foudres de l'éloquence, sur une multitude qu'il falloit faire lever contre ses tyrans coalisés avec l'Europe entière ; mais le temps est venu où la pensée recueillie dans le cabinet, mûrie dans la solitude, doit se répandre comme une douce lumière sur le peuple. La philosophie n'est pas personne d'un grand fracas ; elle hait les violences et les tumultes, et elle a dû quelquefois être surprise de voir qu'elle avoit de si rudes apôtres. Son autorité est plus puissante qu'ostensible : elle agit silencieusement, comme la nature ; celle-ci semble dormir, mais attendez le printemps, et vous verrez qu'elle aura couvert la terre de verdure.

Dans l'état présent, les cercles doivent être des écol s d'instruction et non des ateliers d'insurrection. Circonscrits comme ils le sont par la constitution, instruits par de rudes expériences, soumis à l'inspection du gouvernement, qui en tient tous les fils, ils ne peuvent pas faire naître le moindre danger, et c'est d'eux sur-tout que l'on doit attendre le raffermissement de la révolution, qu'ils créèrent sous d'autres noms. Chacun a pu le voir ; depuis le jour où les sociétés furent fermées, il n'y a plus eu aucune sûreté pour les républicains dans la république.

Je m'abstiens de présenter ici le tableau de tant de crimes et de lâches assassinats, et de cette épouvantable suite de calamités, qui n'attend qu'une plume éloquente pour glacer d'épouvante la postérité, qui ne pourra les croire. Les patriotes ont juré l'oubli de leurs maux personnels, mais ils se rappelleront toujours les maux de leur triste patrie, si long-temps baignée des larmes de ses enfants, et arrosée du sang de ses défenseurs. Ils s'en rappelleront sur-tout pour bénir les mains courageuses qui l'arrachèrent, toute sanglante, des mains des autrichiens intérieurs. Ils savent que la constitution leur donne le droit de se réunir paisiblement ;

et le jour où on les priveroit de ce droit, la patrie devroit se couvrir d'un nouveau deuil. Heureux le temps et béni soit le gouvernement, sous l'influence desquels on peut proclamer des vérités, auxquelles on n'a répondu si long-temps que par des mandats d'arrêt et des coups de poignards.

Il est donc dans l'intérêt du gouvernement de favoriser ces établissements, pour répandre de tous côtés l'instruction, l'amour des lois, le républicanisme, et opposer des mesures franches et loyales au manège machiavélique de ses ennemis. Plus l'aristocratie prendra de forces et fera de mouvements, plus on déchaînera contre elle son éternelle rivale. C'est donc un fort bon calcul de celle-là, de remuer, de corrompre, de désorganiser sans cesse, parce qu'elle sent bien qu'étant alors obligée d'appeler contre elle la démocratie, celle-ci, une fois déchaînée, dévore une partie d'elle-même. Elle se rapelle que le fer qui fit tomber la tête hideuse d'un Durosoy, trancha aussi les belles destinées d'un Condorcet. Elle aiguise toujours le glaive, persuadée qu'elle est, que s'il doit d'abord se tourner contre elle, il se tournera bientôt contre ses ennemis. Le bon sens ne pourroit-il pas lui dire : « Quelle est donc votre » frénésie? ne voyez-vous pas que pour faire couler le » sang de vos ennemis, vous ouvrez vos propres » veines? de grands maux sont toujours la suite de » tous vos mouvements, ils n'atteignent les patriotes » que pour vous accabler vous même. Soyez plus sage, » vivez et laissez-nous vivre ».

Que s'il m'étoit permis de donner des conseils aux cercles, voici ce que je leur dirois.

Vous devez être inapperçus dans l'état; il n'appartient qu'aux magistrats d'avoir une puissance ostensible.

Faites respecter les lois, et n'entamez qu'avec précaution des discussions contre celles qui existent.

Soyez le bras droit de l'administration et jamais son régulateur.

Abstenez-vous de toute personnalité ; car il faut fort peu d'esprit pour briller sur ce fond-là, la malignité d'un homme ayant dans le cœur de tous les autres un écho qui la propage et la répète.

Par les personnalités, vous ouvrez la porte à la médiocrité, qui s'établit sur ce champ de bataille, et vous la fermez à l'homme instruit, qui a l'ame trop élevée pour y descendre.

Discutez et ne pérorez point. Le temps des orateurs est passé, c'est celui des penseurs, et des analystes qui est venu.

Défiez-vous de ceux qui parlent à vos passions ; confiez-vous à ceux qui parlent à votre raison, car la raison est éternelle, et les passions, toujours convulsives et passagères, n'ont rien de solide.

Veillez, mais ne jetez pas sans cesse le cri d'alarme, car on ne vous croiroit plus lorsqu'il y auroit un péril véritable.

Instruisez-vous, car l'enthousiasme sans instruction est comme une machine creuse, d'autant plus sonore qu'elle est plus vide.

Défiez-vous de l'esprit de système, et de ces exagérations, qui à force d'élargir la carrière de la liberté, la font tout-à-fait disparoître.

Ne vous jetez pas dans les exagérations de la pure démocratie, car il n'appartient qu'aux dieux de vivre démocratiquement ; et à vous de vivre sous le gouvernement représentatif.

Point d'intolérance entre patriotes. Chacun à sa nuance, et rien ne ressemble plus à l'esclavage, que l'identité de toutes les opinions.

Discutez sans aigreur, contestez sans passion, et répondez sans injures.

Défendez le gouvernement, car c'est sur-tout à lui à vous sauver. Ralliez-vous à la constitution, car peuple qui en a une sait bien où il est, mais celui qui est en révolution ne sait pas où il ira.

Il faut sur-tout que les jeunes républicains se défient de la séduction contagieuse que portent avec elles les idées grecques ou romaines. Une lecture superficielle de l'histoire ancienne allume l'enthousiasme ; une étude plus approfondie l'éteint. Quand on y cherche de bonne foi les éléments du bonheur domestique et de la félicité publique, on ne les y trouve pas. Ces constitutions-là sont des tours de force dont nous ne sommes heureusement plus capables. Les vertus publiques y étoient fondées sur la ruine de plusieurs vertus domestiques, la liberté publique sur l'esclavage des trois quarts de la population, l'amour de la patrie sur le mépris du monde entier. On y apperçoit bien quelques grands hommes, quelques vertus frappantes ; mais on y cherche le bien-être du peuple et le bonheur de l'homme privé. En parcourant l'histoire ancienne, il semble qu'on voyage dans les Alpes, où l'imagination est continuellement frappée par des sommets qui se cachent dans les nues, par des torrents qui se précipitent avec fureur, où l'œil voit beaucoup de crêtes arides et menaçantes, et peu d'heureuses vallées ; mais où le cœur est contristé par la stérilité d'une nature toute sévère, par tous les fléaux dont elle accable une population qui vit dans le dénuement, au milieu des plus magnifiques spectacles. Les constitutions représentatives ont des bases plus heureuses et plus libérales aux yeux de tous les hommes qui, par des études et un enthousiasme exclusifs, n'ont pas pris des lettres de bourgeoisie dans le cloître monacal de Sparte, dans l'enceinte tumultueuse et sanglante d'Athènes, ou dans les murailles colossales et despotiques de Rome. Qui est-ce qui ne voit pas, d'ailleurs, que le monde est moralement et même physiquement changé! L'imprimerie, les manufactures, le commerce, les grandes routes, la découverte du nouveau monde, l'esprit d'analyse, sont autant d'éléments nouveaux qui ne peuvent se régir par des lois anciennes, étayées d'un culte brillant que nous n'avons plus, et d'une dureté de mœurs que la philosophie a amollies. Le voyage fameux des Argonautes, dans une petite île de l'Archipel, où ils alloient enlever je ne sais quelle chose précieuse, qu'on a désignée sous le nom de toison, comparé à celui que le capitaine Cook a fait autour du monde et dans une foule d'îles, où il a répandu des productions nouvelles, fournissent une comparaison assez juste de ce qui fut avec ce qui est. Tous les vieux moules sont brisés, et les statues modernes qu'on a coulé sur leurs modèles, sont peu faites pour nous les faire regretter. En sortant d'une extrême servitude, il étoit peut-être naturel qu'on se portât, avec violence, aux idées d'une extrême liberté ; car ce qu'il y a de plus difficile, c'est de conserver un milieu, où l'on ne peut s'établir que par la raison ; et ce qu'il y a de plus aisé, c'est de nous jeter aux extrêmes, où nous poussent toutes nos passions. Mais, après de rudes épreuves, on doit revenir à des idées plus sages. Peut-être étoit-il impossible de faire de si grandes choses, sans produire une si grande secousse; et quand on y songe bien, on voit que si l'homme sensible a beaucoup à gémir, l'homme d'état voit cependant que de si grands biens ne pouvoient arriver sans de grands maux.

L'éloquence a été aussi introduite dans nos débats politiques, par une servile imitation des vieilles démocraties. Il seroit facile de prouver qu'elle est un des plus grands fléaux qui aient jamais affligé les hommes. Les faux cultes se sont établis par elle, et c'est de ses sinistres influences qu'ils ont nourri leurs fureurs. Un Démosthène peut bien, dans des temps de crise, chercher à réveiller une multitude engourdie par la fatigue de tous ses mouvements; mais dans des temps calmes et ordinaires, le déploîment de toutes les ressources oratoires, n'annonce que le desir de tromper. C'est par la magie de quelques tableaux enluminés, que les réacteurs ont inspiré le lugubre enthousiasme des assassinats. Ils crioient et péroroient toujours comme si on n'avoit pas encore assez tué. Les assassinés ils les appeloient des hommes de sang, et les assassins d'honnêtes vengeurs. Considérez Isnard s'appuyant sur sa foudre, ne diroit-on pas de voir un convulsionnaire assis dans le cimetière de Saint-Médard, et allumant sa funèbre imagination à la sombre lueur qui éclaire des tombeaux. L'éloquence est fille des passions, mais elle en est aussi la mère. La clarté, la justesse, la méthode, sont filles de la raison, et c'est désormais à elle à conserver le monument qu'elle n'éleva cependant pas toute seule.

Les sociétés et les journaux sont entre les mains du gouvernement deux puissants instruments pour républicaniser les mœurs, et diriger l'opinion qui, puissante comme elle est, produit les révolutions et les contre-révolutions. C'est un des inconvénients des constitutions représentatives, d'être livrées aux chances des élections ; et comme celles-ci sont l'ouvrage de l'opinion, un gouvernement attentif doit sans cesse veiller autour d'elle, et il doit se croire en danger du moment où elle se déprave. Avec un bon esprit public, un peuple bien représenté fera des prodiges ; sans lui, il n'est plus possible de le gouverner, il court de fureur en fureur, d'actions en réactions ; il ne connoît plus ni amis ni ennemis : il est semblable à un vaisseau démâté, privé de ses voiles et de son gouvernail, qui, jouet des vents et des flots, erre dans l'immensité des mers, se brise contre les rochers, ou est pris par un corsaire qui arbore sur son bord un pavillon nouveau, et le conduit prisonnier dans un port étranger.

MŒURS PRIVÉES.

JE vais parler des mœurs privées : c'est-là qu'est tout l'homme. Un certain fanatisme, allumé par la révolution, a dû les altérer. On a relâché inconsidérément les liens de famille, pour fortifier ceux de patrie. Au lieu de songer à raffermir l'autorité paternelle, la première et la plus auguste des magistratures; au lieu de faire des institutions propres à la prospérité du gouvernement domestique, et à donner par la vertu plus de force au gouvernement républicain, on a laissé tous ces heureux liens se briser dans la tourmente politique. De petits garçons sont venus donner à leurs vieux pères des leçons de morale, ont traité leur prudence de radotage; et le mariage, la plus sainte des institutions civiles, n'a plus été, au moyen de nos lois trop commodes, qu'un libertinage légal. Je te menerai à la municipalité, voilà ce qu'on disoit à des filles difficiles; et quand étoit passé le premier accès d'une passion que les lois elles-mêmes ne sont pas assez fortes pour fixer, on disoit à son épouse : Je vais t'appeler à la municipalité. Tant il est vrai que ce qui n'a pas été consacré sous les augustes auspices des solemnités morales, n'a pas, dans le cœur des contractants, cette sanction solennelle qui donne aux engagements de l'homme une si grande force. Une sorte de fanatisme s'est donc introduit jusque dans le domaine de la nature; il a flétri ses douceurs et déshérité l'homme de cette multitude de biens que sa main libérale lui offre. Si nous n'avons pas la force de pratiquer les austères vertus, et de manger le brouet de Sparte, nous pouvons du moins, par le simple instinct de la nature, goûter les plaisirs et remplir les devoirs de famille. Hélas! nous avons beau faire, après avoir tourné dans beaucoup de cercles, nous revenons au cercle domestique; après avoir parcouru beaucoup de contrées, nous retournons à nos foyers : nous ne trouvons pas de magistrats plus fidèles que les auteurs de nos jours, de serviteurs plus dévoués que nos enfants, d'amis plus généreux que nos frères; et quand on est brisé par le malheur, on trouve en eux des consolations que les autres nous refusent. Quelle que soit la disparité des caractères ou la divergence des opinions, nous les retrouvons encore ce que la nature leur commanda d'être, et ce n'est pas un préjugé à détruire, que celui qu'on appelle la voix du sang. Soyez à jamais bénie, ô nature! pour avoir placé nos plaisirs à côté de nos devoirs, et nous avoir rendu la vertu si facile et si aimable, que c'est comme par un instinct implanté au-dedans de nous à notre insu, que nous pouvons en goûter toutes les douceurs. Combien sont à plaindre les hommes environnés de biens si précieux, et qui n'en jouissent pas, qui ont une ame et qui ne le sentent pas, qui courent après des biens qu'ils ne peuvent obtenir, se font des illusions qu'ils ne peuvent satisfaire, et sont ainsi doublement malheureux, et par les biens positifs qu'ils rejettent, et par les biens imaginaires qu'ils recherchent!

Il s'agit donc aujourd'hui d'attaquer avec sagesse, de miner peu à peu, et ces mœurs fausses et efféminées du despotisme, et ces mœurs dénaturées, que les violences révolutionnaires et contre-révolutionnaires ont produites : on peut y parvenir, et par les lois civiles, et par les institutions politiques.

Il faudroit d'abord rendre, en autorité légale, à la puissance paternelle, ce qu'on lui a ôté par la défense commune de disposer après décès.

2°. Il seroit nécessaire d'environner de plus de lenteurs et de difficultés, l'action en divorce, ce remède salutaire, lorsqu'il est placé à côté du mal, dangereux par la facilité de l'application sur le mal lui-même.

3°. Il seroit important de faciliter les mariages, par des exemptions de taxes, et par mille autres moyens, car le célibat est une sorte de monachisme; et on ne conçoit pas comment on a pu faire d'un vice politique une vertu chrétienne, ne sachant ce que c'est qu'une vertu dont il ne résulte rien. (*Montesquieu*)

Quand vous aurez fait toutes ces lois, il vous restera

encore à faire des institutions ; et l'on est fâché de ne pas trouver sur cette matière dans la constitution quelques-unes de ces idées grandes et fortes, qui, placées à côté de nos lois, leur auroient prêté l'appui des mœurs, et celui encore de l'admiration et de l'amour.

Les hommes se conduisent par divers mobiles, les uns par les spectacles qui frappent l'imagination, les autres par les sentiments qui touchent le cœur, d'autres par une variété de plaisirs qui les étourdissent, d'autres par une raison froide qui, convainc leur esprit, d'autres enfin par une vertu indépendante de tout ce qui est extérieur ; mais ceux-ci on les cherche, et les autres on les trouve par-tout. Les mœurs, les habitudes, le culte et le genre d'industrie d'une nation étant donnés, il appartient à ses législateurs de chercher quel est le levier le plus propre à la ramener au principe sur lequel est fondé son gouvernement. Les anciens ne peuvent presque rien nous offrir à ce sujet, qui puisse à être approprié à une situation si différente de la leur. Ils vivoient sous un ciel plus chaud, qui éclairoit toutes leurs fêtes d'une pure et douce lumière ; ils n'étoient pas assujettis, pour gagner leur subsistance, à des métiers qu'ils abandonnoient aux esclaves ; ils avoient un culte imposant qui se mêloit chez eux à tout ; ils ne songeoient qu'aux baux arts et aux armes ; ils ne connoissoient ni l'art de la finance, ni l'équilibre du commerce, ni toute notre administration si compliquée, si écrivassière. Un seul d'entre leurs peuples vivoit démocratiquement, les autres étoient assujettis à une aristocratie ou à une olygarchie souvent très-violente et toujours dure et artificieuse. Il ne paroît pas qu'ils connussent cette inégalité si choquante chez les modernes, d'où il résulte que le très-grand nombre travaille sans cesse, sans pouvoir presque subsister, et que le plus petit consomme sans cesse, sans travailler, ni pouvoir se rassasier. On voit combien cette position est différente de la nôtre ; et une de leurs institutions transplantée chez nous, est aussi ridicule que le seroit le laticlave sur nos habits quarrés surmontés d'une coiffure triangulaire. Il ne s'agit donc pas de nous donner les jeux olympiques ni isthmiques des Grecs, parce que nous ne sommes pas tous artistes ; ni les combats de l'arêne et du cirque, parce que nous ne sommes pas un peuple purement militaire ; ni les naumachies de Carthage, parce que nous ne sommes pas navigateurs ; ni enfin les processions de Rome moderne, parce que nous ne voulons plus être capucins. Il faut songer que la nation française n'est pas toute composée d'artistes, de poetes, de statuaires, de peintres, de musiciens, d'hommes de lettres, d'idolâtres ; mais de laboureurs, de fabricants, d'artisans, de journaliers, de soldats, de matelots, de chrétiens presque tous illitérés. Tous ces hommes ne savent pas les arts, mais ils connoissent la nature, qui leur a donné des sens pour savourer ses douceurs, et un cœur pour reconnoître sa voix. Ils connoissent la patrie qui a amélioré leur sort, et qui veut encore élever leur ame et étendre leur intelligence.

INSTITUTIONS PUBLIQUES

A un peuple ainsi composé que faut-il ? Le réunir souvent, l'instruire toujours et l'amuser quelquefois, pour qu'il puisse oublier les fatigues de la semaine, et s'attacher à un gouvernement qui veille non-seulement à ses besoins, à son instruction, mais encore à ses plaisirs. Ici je m'adresse aux habitants des campagnes, et je leur dis : N'avez-vous pas dans chaque chef-lieu de canton, un ancien temple, une maison commune ? Elevez au centre un autel, sur les deux côtés une tribune et un orchestre, tout autour une galerie ; érigez une colonne, sur laquelle seront imprimés les noms des citoyens du canton, morts dans les combats contre les ennemis extérieurs, et des patriotes égorgés

par

les autrichiens intérieurs. Les magistrats sont sur les degrés de l'autel, les soldats blessés ou revenus dans leurs foyers occupent une place distinguée ; les veuves et les enfants de ceux qui sont morts, occupent une autre place dans les galeries; les femmes en ont une qui leur est particulière ; les maîtres avec leurs élèves paroissent dans un endroit séparé. La séance s'ouvre avec le plus de solemnité que l'on peut; le magistrat lit les lois; les enfants nés dans la décade sont apportés dans leurs berceaux sur l'autel de la patrie, pour y constater leur existance civile; les nouveaux fiancés arrivent au même autel et prêtent leur serment en présence des magistrats et du peuple; les étrangers viennent y faire valoir leurs droits pour être admis au titre de citoyen; les maîtres et les professeurs y rendent compte de l'émulation et des progrès de leurs élèves; les plus exercés sont interrogés en présence du peuple; le juge de paix rend un compte succinct des principaux délits contre lesquels il a été obligé de sévir; les administrateurs, des divers abus qui peuvent s'être glissés dans leur commune: chacune de ces opérations est interrompue par des chants nationaux, que les hommes commencent, que les femmes continuent, que les enfants imitent, et qui sont terminées par toutes les voix ensemble.

Ainsi s'écoule toute la matinée, et le soir est employé à des jeux et à des danses.

Ce plan fort simple et qui a le mérite d'une grande fléxibilité, pour se proportionner à la grandeur, à la fortune, où à la population des communes où on l'exécutera, et qui offre encore l'avantage de n'occasionner aucune de ces dépenses qui font fuir les plaisirs, ne roule que sur deux points, la possibilité d'avoir dans chaque chef-lieu un temple ou un édifice, que l'on peut faire arranger et décorer à fort peu de frais, 2°. l'existance d'une loi qui renvoye au décadi la célébration de tous les actes civils dans l'assemblée des magistrats et du peuple, et qui en règle les formes extérieures. La haine et les sarcasmes dont l'aristocratie honore ces utiles et patriotiques réunions, et le souriro sardonique qui vient s'épanouir sur ses lèvres, en lisant ces pages qui en tracent le plan, sont un sûr garant de leur bonté. Vous n'aurez d'égalité que le jour où l'on verra l'orgueilleux fainéant s'asseoir dans un banquet public avec le laboureur, qui vaut mieux que lui, en bon sens, en raison, en vertu, et ces communions politiques où tout un peuple boit au moins une fois l'an dans la même coupe. Vous n'aurez un véritable esprit de liberté que par l'effet électrique de ces réunions, où toutes les facultés humaines s'anoblissent, s'élèvent, s'agrandissent. Vous n'aurez de patriotisme que le jour où chaque commune aura élevé un temple à la patrie, et que dans un culte solemnel, les citoyens viendront se presser autour de ses autels. L'amour des lois, le respect des magistrats, le vif intérêt aux affaires publiques, ne naîtront que le jour où l'on fondera ces réunions, où les lois seront lues et expliquées, les nouvelles publiques racontées, et les magistrats placés sous les regards du peuple. Vous n'aurez de concorde que par ces rassemblements qui tuent les haines et font vivre l'amitié. Un peuple qui passe quelques jours de l'année dans les fêtes, n'a ni violences ni animosités; le bonheur n'est point haineux : il n'y a que les cœurs tourmentés qui soient méchants, parce qu'ils ont besoin de répandre au-dehors la sombre âcreté qui les dévore, et qui est leur premier châtiment sur la terre.

J'ai pour ainsi dire honte de revenir sur des idées si rebattues, qu'elles sont devenues un lieu commun; mais ce n'est pas ma faute, si leur défaut d'adoption me force à les rappeler aux législateurs, qui devroient en faire une loi, et aux administrateurs qui devroient s'en faire un devoir. On paroît ne pas sentir assez quel puissant instrument on se créeroit par des institutions de ce genre, et comment on conduiroit les hommes à la vertu par les plaisirs, au patriotisme par la gloire, à la bienveillance par les rapprochements. Quand on me dit que l'homme est, entre les mains d'un grand législateur, ce qu'est un bloc de marbre entre les mains du statuaire, je songe tout de suite aux institutions de ce genre qui auroient encore l'avantage d'en faire disparoître d'autres.

La nation française est peut-être celle de l'Europe qui a le plus d'inclination pour les fêtes. Rome et Versailles le savoient bien, et en tiroient un bon parti; l'une pour la superstition, l'autre pour l'esclavage; et toutes deux pour dominer un peuple, que l'une bénissoit dans ses chaînes, et que l'autre enchaînoit à des mains bénissantes. Le peuple est tout disposé à accueillir les institutions de ce genre. Il les appelle de tous ses vœux, et on n'auroit jamais à craindre que la démagogie pût s'y introduire, puisqu'elles s'exécuteroient, sous les yeux et la responsabilité des magistrats, d'après des lois qui en régleroient toutes les formes. Le même local où se feroient ces réunions décadaires, serviroit encore aux commémorations des grandes époques de la liberté, et à la célébration des fêtes qu'elle a instituées. Durant la belle saison, on pourroit les donner à la campagne, et y ajouter des exercices gymnastiques et militaires, et la distribution des couronnes et des prix remportés par le concurrents. Elles deviendroient bientôt un besoin pour le peuple, et il s'établiroit entre les diverses communes une heureuse émulation qui feroit que chacune voudroit surpasser les autres, par la variété des plaisirs et la magie de mille heureuses illusions.

On ne sauroit croire combien ces douces habitudes attacheroient les citoyens de tout âge et de tout sexe à leurs lois, à leur patrie; et combien, sur une terre étrangère, ils regretteroient ces plaisirs de leur enfance, et ces jouissances de toute leur vie. Si l'air d'une simple romance, aussi monotone que le *ranz des vaches*, avoit le pouvoir de faire déserter les suisses et de les ramener dans leur terre natale, quelle seroit donc la puissance d'une institution qui réuniroit aux illusions de la musique, l'amusement varié de mille agréables exercices, le bonheur d'une réunion toute fraternelle, et l'enthousiame d'une multitude adoucie par la présence des femmes, intéressée par le spectacle des enfants, attendrie par celui des vieillards, électrisée par les illusions d'un beau paysage, et n'ayant tous qu'une voix, qu'une ame, pour chanter, sous les auspices de la liberté, l'amour de la patrie et le respect des lois !

N'est-ce pas une grande honte que la république souffre que les actes les plus solemnels de la vie et les plus sacrés chez tous les peuples qui ont quelque morale, soient enfouis dans la poudre ténébreuse d'un greffe et se fassent dans l'ombre épaisse de la nuit ? On diroit qu'on a peur que le soleil n'éclaire des serments qu'on se réserve de ne tenir pas, et que l'on craint de les prononcer devant un peuple qui pourroit un jour vous reprocher le parjure. Ah ! s'il est possible, appelez dieu et la nature entière à ces solemnités, elles n'auront jamais assez de témoins, ni le ciel assez de peines pour punir les infracteurs. Sans vouloir refaire ici la motion de Pastoret sur les enterrements, il est permis à l'homme qui a un cœur, de dire qu'il le sent se briser, quand il voit passer le long d'une rue, sans escorte, sans pleurs, sans cérémonie, un cadavre accompagné d'un simple greffier. C'étoit peut-être un homme vertueux, un excellent père de famille, un républicain zélé; n'importe, nulle larme n'accompagnera son convoi, nul regret ne s'y manifestera, nul vœu ne sera adressé au ciel pour lui, il va rendre à la terre ses tristes restes, comme un tronc d'arbre qui a vécu sans sentiment et qui tombe sans gloire. Quant aux nouveaux-nés, une sage-femme les porte, et souvent ne les porte pas à un greffier qui verbalise. Quand il sera grand, il ne pourra pas dire : « A ma naissance, je fus placé » sur l'autel de la patrie ; je fus béni par les magistrats ; » mon père jura sur mon berceau qu'il m'élèveroit pour » elle : je dois ma vie entière à celle à laquelle j'ai été » consacré, à celui qui lui voua l'existance qu'il m'a » donnée. » La femme, honteusement répudiée, ne pourra pas dire à son mari infidèle : « Le peuple fut » témoin de tes serments ; ils furent écrits au livre sa- » cré de la patrie, et j'appelle sur ta tête le mépris des » dix mille citoyens qui te l'entendirent prononcer, » l'animadversion des magistrats que tu trompas, le » courroux de la patrie à qui tu as été infidèle ; et puisse » la nature entière qui te vit me jurer une éternelle foi, » s'armer pour te punir de ta perfidie ! » Non, elle ne pourra pas le lui dire, parce que rien de solemnel n'a accompagné son mariage, que tout s'est passé dans l'intérieur du greffe, et qu'un simple greffier a été ordonnateur, magistrat et pontife.

Il est remarquable que chez nous tout va par procès-verbaux. Faut-il célébrer une fête nationale ? on ne la fera pas, mais on fera son procès-verbal. Faut-il faire un mariage ? voilà le greffier qui verbalise, et tout est fini par là. Faut-il inaugurer des magistrats, recevoir leur serment ? ils ne prêteront point ce serment, mais on ne manquera pas l'occasion de faire un procès-verbal. Y a-t-il des déserteurs à faire partir, des prêtres à déporter ! les soldats et les prêtres resteront, mais on fera d'admirables procès-verbaux. C'est ainsi que tout dégénère en simagrées, que le fond est masqué par la forme, que la plume et l'encre tiennent lieu de tout, et que l'on se perd dans un monde de papiers.

Il faut soulever et écarter la lourde masse de ces fatras, afin que le peuple respire avec facilité l'air pur de la nature et de la morale. Il faut que les cérémonies qui marquent les quatre époques de la vie soient faites de telle sorte, que les naissances inspirent des idées d'attendrissement; l'admission au droit de citoyen, des sentiments de patrie; les mariages, des sentiments de bonheur; et les décès, des idées qui, en nous détachant de ce monde, nous avertissent de profiter de sa courte durée. Je voudrois qu'on plaçât sur les tombeaux une main qui indiquât que l'homme est parti pour d'autres régions, et que sa fosse n'est qu'un creuset où tout ce qu'il y a de terrestre est resté, et où tout ce qu'il y avoit en lui de spirituel, est allé rejoindre le principe inconcevable de toute chose. Je voudrois enfin que le législateur colorât les cérémonies civiques qui marquent la vie humaine, comme le Créateur a coloré les diverses parties du jour qui naît avec une clarté douce, enveloppée dans les langes pourprés de l'aurore, qui se développe dans des torrents de chaleur et de lumière qui font éclorre tous les germes, et qui va s'éteignant, par dégradations, dans les draperies brumeuses et les voiles mélancoliques de l'occident. On me reprochera d'appliquer avec trop d'affectation les idées de la nature aux systêmes de gouvernement et de politique : mais l'homme n'est-il pas aussi un être de la nature ? la société n'est-elle pas aussi le résultat nécessaire des facultés naturelles ? le monde et l'homme n'ont-ils pas été organisés sur les mêmes idées ? ne sont-ils pas des ouvrages qui portent l'empreinte des mêmes mains, et qui sont des parties du même tout ? ne faut-il pas les mettre toutes en harmonie, et est-ce donc ma faute, si la nature restant toujours ce qu'elle est, on a fait, par de coupables institutions, l'homme si différent de ce qu'il fut ? Non, il n'est pas possible de parler de l'homme et de ses institutions, sans les ramener sans cesse au type universel sur lequel il fut modélé, et les premiers législateurs, philosophes et poëtes, puisèrent leurs plus belles institutions dans la nature, dont elles présentoient toutes les lois sous des formes vivantes et animées. Le mode de fêtes françaises étant une fois fixé et adopté, il faudroit les conserver éternellement, et imiter les prêtres, qui ont depuis plus de douze siècles les mêmes rites, sachant fort bien que l'antiquité ajoute à la vénération. Nos hymnes nationaux devroient être éternels comme les lithurgies religieuses : il faut que la centième génération qui nous suivra, chante encore les airs que nos guerriers répétoient en escaladant les Alpes et les redoutes de Gemmappe. Nous sommes arrivés à ce période heureux où la langue est fixée, et où elle n'a plus à gagner que par ces formes républicaines, qui s'incorporant à elle, lui donneront plus de sève avec plus de sévérité. Puisse le caractère de la nation se fixer avec sa langue ! et c'est un profond sujet de méditation et d'alarmes, que cet esprit national, qui est si mobile ; esprit qui a produit des prodiges militaires, mais qu'on sait, par expérience, n'être pas celui qui convient le mieux à l'administration des affaires publiques. C'est par la permanence des institutions et des loix, par les maximes suivies et persévérantes du gouvernement, qu'on pourra parvenir à fixer le caractère national. Mais si, à sa mobilité naturelle, on ajoute encore la versatilité des lois, la divergence des maximes, et le changement perpétuel des magistrats, on augmentera le mal, et l'on fera pirouetter sans cesse un peuple à qui tant de mouvement font tourner la tête, et qu'il est temps de faire reposer enfin dans le temple de la paix et de la justice, sous l'égide de la liberté et l'empire de lois immuables.

La révolution américaine, qui s'est faite avec un bonheur qu'on a peine à comprendre, ne s'est consolidée que parce que le peuple ayant d'abord pris le sage parti de choisir pour guides des hommes éclairés et vertueux, leur a depuis conservé sa confiance ; parce qu'il n'a pas exigé des hommes une perfection qu'il est impossible de trouver, et dangereux même de chercher; parce qu'il a su pardonner des erreurs et des défauts, en faveur des grands services et des grandes vertus. Nous avons chez nous des tourbillons; mais on sentira un jour, par la fatigue, la nécessité de les fixer, et que le contrepoids le plus naturel est dans l'habitude des réélections et dans la permanence des lois (1).

LES FEMMES.

LES femmes sont une partie essentielle dans les mœurs. J'ai peu d'inclination à citer. Il semble que le bon esprit de ce siècle nous ait amené à ce point très-raisonnable, d'étayer une opinion sur des principes et non sur des exemples. Cependant, je ne puis m'empêcher de m'appuyer sur l'histoire, pour faire voir que les femmes, quand elles ont eu les mœurs et l'esprit nécessaires au gouvernement, l'ont puissamment secondé, et qu'il s'en est fort mal trouvé lorsqu'elles l'ont abandonné. Les Germains, peuple tout militaire, et qui mourrant de faim dans ses forêts, se déborda chez nous pour nous voler des maisons et des terres, menoit les femmes à la guerre. Ce spectacle intéressant étoit pour eux un aiguillon à la fureur des batailles. On sait quelles femmes c'étoient que les dames gauloises, qui furent obligées de partager leur logis avec les dames germaines. Tremblants sous la main sacrée des Druides, vivant mélancoliquement au milieu des bois, les Gaulois élevèrent nos grand-mères à la dignité de sorcières : ils leur attribuèrent quelque chose de divin, et ils les chargèrent

(1) *Il y a ici une lacune; on a déjà pu en appercevoir plusieurs, et on en trouvera d'autres encore. Pour n'être pas trop long, on a pris le sage parti de ne publier que la sixième partie du manuscrit; ce qui reste, l'est encore trop.*

de juger les procès par des inspirations, comme on l'a fait depuis par des lois.

Les anciens qui vécurent sous le gouvernement républicain, eurent sur les femmes des idées très-saines et des lois très-sages. Il ne paroît pas qu'ils aient jamais connu ni nos cercles, ni nos langueurs, ni nos romans, ni notre galanterie, ni toutes nos frivolités. Leurs femmes furent ce qu'elles devoient être Elles paroissoient dans les solemnités, elles desservoient quelques temples ; hors de là, elles demeuroient chez elles. Leur pudeur étoit telle, que celles même qui n'en avoient pas, n'osoient paroître sur le théâtre. Les Laïs et les Aspasies recevoient, à la vérité, une sorte de culte; mais on les fréquentoit moins comme femmes, qu'on ne les admiroit comme des modèles du vrai beau, auquel les Grecs étoient si sensibles. Sous la république Romaine, on vit des Hortences et des Porties ; sous la révolution, des Paulines; et sous l'empire, des Poppées. On voit combien l'esprit des femmes changea avec le gouvernement.

La féodalité étant née chez nous de beaucoup de causes, qu'on ne fait qu'entrevoir dans la profonde obscurité de ces temps tout barbares ; et cette féodalité étant devenue, en quelque maniére, errante ou nomade, par la triste démence où tombèrent les seigneurs, on vit les femmes courir sur des palefrois, à côté des nobles chevaliers, qui portoient la lance, le chapelet et l'écharpe, disoient l'office, faisoient des élégies et se battoient à outrance; couverts de cilice dans une église, d'une armure pesante dans les tournois, ou succombant sous les fenêtres d'un antique château, sous les langoureuses pamoisons d'un amour qui est aujourd'hui le comble du ridicule. Le despotisme royal ayant succédé à la tyrannie féodale, la galanterie espagnole s'introduisit dans nos mœurs par une reine qui étoit de cette nation-là, et s'accrut de toute la gravité de caractère et de toute l'imagination de Louis XIV. Une inclination devint une affaire capitale ; et l'affectation se mêlant à cette affaire, on vit naître la carte du *tendre*. Les femmes étoient sensibles, mais circonspectes ; l'amour prit un caractère grave sous un monarque qui portoit la majesté jusque dans les choses qui semblent le mieux devoir s'en passer. Le roi étant devenu vieux, les enfants prirent perruque et les femmes se firent dévotes. Un régent crapuleux les arracha à ces austérités, et leur donna des exemples sur lesquels enchérit encore son auguste pupille, pendant un règne qui épuisa la nation par les impôts, qui l'endormit dans le despotisme par la corruption, et l'avilit par le parc-au-cerf. Cependant les philosophes parurent ; on parla des devoirs des épouses et des mères ; on peignit les douceurs d'un bon ménage. Une nouvelle lumière fut pour ainsi dire créée ; et quoique tous les yeux fussent frappés de son évidence, toutes les habitudes ne s'y plièrent cependant pas. On continua d'intriguer, de s'avilir sous les sinistres et lubriques influences d'une femme furieuse, que l'autriche nous avoit donnée dans sa vengeance. On étoit arrivé au suprême degré de corruption, lorsque la révolution arriva. Les dames du bon ton maudirent cette œuvre du démon; quelques-unes coururent à l'étranger avec d'illustres émigrants, comme autrefois leurs grand-mères galoppoient avec les chevaliers. D'un autre côté, les citoyennes se réunirent sous des présidentes dans des sociétés fraternelles, et on conservera long-temps le souvenir du sabbat patriotique qu'elles y firent. Robespierre qui portoit à la fois le cimeterre et l'encensoir, qui fut le sultan et le muphti d'une république qu'il abreuva du sang des philosophes qui l'avoient fondée, fit fermer les sociétés fraternelles, renvoya chez elles les femmes, qu'il aimoit cependant, mais qu'il aimoit à la manière de cet empereur qui n'admiroit une belle tête que parce qu'il sentoit en lui le pouvoir de la couper. Les femmes eurent sans doute beaucoup à pleurer sous le gouvernement révolutionnaire, mais sous la réaction elles chantèrent beaucoup (1) ; ces mêmes bouches que l'homme sensible avoient entendu dans d'autres temps appeler, de leurs voix séductrices, les hommes à la liberté, ne craignirent pas d'entonner l'horrible lithurgie qui appeloit des hommes furieux aux vengeances. Ce plein-chant de la mort, adouci et comme enveloppé dans les grâces de leur organe, fit passer plus d'une fois, dans des cœurs ouverts de toutes parts à d'effrénées et brulantes passions, ce mélange bisarre de tendresse et de cruauté, d'enthousiasme d'amour et d'ardeur aux assassinats. Si on veut jeter les yeux sur l'Europe moderne, on verra qu'en Angleterre où il y avoit autrefois quelques formes d'un gouvernement libre, les femmes sont à leurs familles, et les filles à leurs inclinations. La Tamise reçoit tous les ans dans son sein quelques-unes de ces victimes de leur propre sensibilité; et si le pays compte peu de *Lovelaces*, on peut y trouver encore des *Clarisses*. Elles ne connoissent pas (les Anglaises) cette coquèterie qui tient à la froideur du cœur, à la légèreté de l'esprit, à la fausseté du caractère ; espèce de mensonge vivant, ou de fausse monnaie qui, malgré son décri, a sur le continent une grande activité; ni ce jargon, supplément de ce qu'on ne sent plus, image décolorée de ce qu'on devroit sentir, protocole sans raison, bluette sans chaleur, qui pélille un moment devant l'esprit pour le livrer bientôt à un long assoupissement. Les Italiennes ont cette dévotion, qui est bien l'assaisonnement le plus piquant qu'on ait jamais imaginé, pour faire passer des volup-

---

(1) *On ne parle ici que des femmes oisives de quelques grandes villes, où règne une grande corruption.*

tés qui, par elles, sont plus difficiles, mais plus tendres. A leurs mœurs, on connoît tout de suite qu'il y a en Italie une grande religion et une grande chaleur, et que le pays contient un Pape et un Vésuve. Les Espagnoles, ces héritières de l'antique galanterie des Maures, ont des mœurs sévères, dont la fierté est quelquefois tempérée par la piété servante des *santi padri*. On peut observer qu'il y a dans le monde une sorte d'équilibre même dans les choses morales, qui venge en Europe les femmes des privations qu'elles éprouvent en Asie. Ce n'est que dans une république que les femmes peuvent avoir des mœurs. Sous l'ancienne monarchie une partie des filles étoit jetée dans les cloîtres, innocentes hosties qui tentoient inutilement d'enchaîner à Dieu, par tous les serments, des cœurs qui s'échappoient par toutes les grilles. L'autre partie étoit vendue plutôt que mariée, sans égards aux convenances de l'âge, des caractères, des mœurs, des inclinations: tout cela étoit brisé sous le rude pilon du despotisme; car il est de son essence de tout gâter; et cette même tyrannie qui fit autrefois d'un cheval un consul romain, faisoit chez nous d'un brutal et vieux satyre, l'époux d'une aimable et vertueuse fille. Les malheurs et les désordres sortoient, de tous côtés, de ces unions que la nature désavouoit; car c'est en vain qu'on la comprime, il faut qu'elle se fasse jour, et si ce n'est par la vertu, c'est par le crime... C'étoit là la source intarissable de querelles journalières, de procès scandaleux, d'enfants disparus ou jetés dans les hôpitaux, de la débauche et de la ruine des époux, de la corruption et des pleurs des femmes, et de générations qui rendoient en crimes obscurs, en chagrins amers, aux auteurs de leurs jours, ce qu'ils avoient reçu d'eux en exemples. Quelle position que celle d'un pére qui, entouré d'une famille qui se presse autour de ses foyers, craint de ne pas y trouver son fils!

Quelle

Quelle position que celle d'une épouse, qui pleurant sur le berceau de son enfant, voit une insolente rivale parée de ses dépouilles, et consumant le patrimoine de son fils. La révolution doit rétablir la sainteté des mœurs domestiques : toutes ses institutions doivent tendre à ce but ; car c'est-là où est l'homme, c'est-là où est son chagrin ou son bonheur. L'égalité, en faisant tomber le luxe, facilite les mariages, et favorise l'assortiment des unions ; car être pauvre n'est plus un crime, et le prix auquel on achète aujourd'hui la fortune, rend ce titre bien respectable. Tout appelle donc les filles à devenir épouses et mères, et on leur doit, en vrai bonheur, ce que la révolution leur a ôté en frivoles plaisirs. Que l'on considère une vieille femme, dont les charmes se sont éteints dans la galanterie, il n'y a pas de spectre plus hideux ; elle est comme un roi flétri et détrôné : son empire est passé : il ne lui reste plus que la cruelle alternative de la dévotion ou du bel esprit ; de se jeter aux prêtres ou aux philosophes. Combien est différent le spectacle d'une mère vertueuse ! elle ne vieillit jamais, elle rajeunit dans sa famille ; chacun de ses enfants est comme un charme nouveau qui remplace ceux qui s'éteignent sur son visage ; et entourée d'eux, elle peut dire, comme cette dame romaine : « Voilà mes bijoux et ma toilette ». Quel homme sensible a jamais su appercevoir une ride sur la figure d'une mère tendre entourée de ses enfants ? C'est dans leur famille qu'on aime à les voir ; mais quand on les rencontre sur toutes les routes de la fortune, sur toutes les avenues de la faveur et des emplois, on peut dire qu'elles et l'état sont perdus. Un homme qui file n'est pas plus ridicule, qu'une femme qui singe l'homme d'état. Un gouvernement doit sans cesse être attentif à les éloigner de toute influence dans ses opérations, et à les rendre aux devoirs domestiques, sans cela il sera beaucoup de fautes. Elles portent toujours dans les affaires, cet esprit de frivolité et d'inquiétude, qui tient à des fibres qu'un rien irrite et qu'un rien appaise. Sous leur influence, un ministre n'est qu'un vieux enfant condamné à être éternellement le jouet de toutes les intrigues, et la dupe de mille comédies, dont il ne connoîtra les honteux ressorts que lorsque la toile se baissera pour lui. Quelques douzaines de femmes oisives et surannées, ne croient pouvoir se soulager de l'ennui qui les accable, qu'en persifflant la république, et se mocquant de ses lois, de ses magistrats et de ses défenseurs. Il leur faut quelque chose qui les distingue, et elles se croiroient perdues si elles pensoient comme le peuple. Autrefois les femmes du peuple étoient pieuses, et elles-mêmes affectoient l'impiété; aujourd'hui les premières ayant cessé d'être superstitieuses, ont rendu tout-à-coup les autres dévotes; et je ne doute pas un instant que si les classes industrieuses qu'elles appellent le petit peuple, sans s'appercevoir que ce petit peuple compose la grande nation; je ne doute pas, dis-je, que si ces classes se détachoient de la révolution, les autres ne se prissent d'un très-grand amour pour la souveraineté du peuple, pour la liberté et l'égalité, ou ne feignissent d'avoir ces sentiments-là; car il n'y a rien de réel ni de senti dans tout ce jargon-là, et la vérité est que tout est mensonge dans cet éternel cailletage. Cette pauvre femme qui est suspendue, dès l'aube du jour, sur une pente escarpée, où elle cultive un petit champ de patates, tremblante qu'il ne puisse suffire à la subsistance de sa famille, est bien d'une autre importance aux yeux de tout ce qui porte une ame sur la terre. Le Créateur a mis le monde et toutes ses productions en harmonie. C'est aux hommes à se mettre en harmonie avec leurs concitoyens et le gouvernement, pour remplir le but auxquels ils se destinent. La morale est dans la société, ce qu'est l'équilibre dans les cieux; elle met chaque individu à sa place, au centre de ses devoirs, et le fait rouler dans un cercle où il ne froisse jamais ses semblables, et leur sert au contraire à remplir la destination de la nature dans un concert universel.

Pour améliorer le sort des femmes et les attacher à la révolution, qu'il dépend d'elles d'affermir, je proposerois trois moyens.

1°. Rendre plus difficile le divorce qu'elles demandoient quand nous ne l'avions pas, et dont elles se plaignent depuis que nous l'avons;

2°. Les appeler dans toutes les fêtes, en créer une particulière pour les mères de famille, une autre pour les filles.

3°. Payer aux ci-devant religieuses une pension qui leur est doublement due, et à titre d'expropriées, et à titre de créancières, pour les dots qu'elles ont apportées dans les maisons religieuses.

4°. Payer les pensions depuis long-temps promises aux mères et aux veuves des défenseurs morts à la guerre, et encore à celles des patriotes assassinés dans l'intérieur.

Le philosophe s'attache aux idées théoriques ou abstraites; l'homme d'état aux idées, aux maximes pratiques. L'un ouvre une grande carrière, et étend la science, l'autre en calculant les résistances la fixe dans ses bornes. L'un propose ce qui doit être, l'autre ce qui peut être. On a proposé quelque part d'ouvrir pour les filles des Gynécées républicains, sous la direction du gouvernement; mais cette idée ne peut convenir qu'à ces démocraties qui étouffent la nature pour ne faire que des citoyennes. Par-tout ailleurs la seule destination des filles est de devenir épouses et mères, et de tenir un jour les rênes du gouvernement domestique : et de qui peuvent-elles mieux apprendre ces choses-là, que de leurs mères ! Il faut donc les leur laisser, nous ne ferions jamais aussi bien qu'elles.

LES CULTES.

JE passe à des considérations sur un objet capital, qui s'attache au ciel pour exercer une grande influence sur la terre ; qui modifie sans cesse la société, et que la société ne peut modifier sans danger ; qui se lie au gouvernement pour en être soutenu, ou se coalise contre lui pour le renverser ; objet tout invisible, tout intellectuel, et qui a des résultats physiques et politiques immenses ; objet convulsif qui agite ou pacifie, bénit ou anathématise, caresse ou épouvante la pauvre humanité, toute tremblante, sous une main sacrée qu'elle adore et qu'elle redoute, qu'elle sent sans pouvoir la définir, qu'elle chérit dans son cœur lorsque la révolte est dans sa raison. Comme cet instrument est très-puissant pour gouverner les hommes, le plus fort ou le plus adroit a toujours cherché à s'en emparer. Il se lie à la morale d'un peuple ; et quand il change, il s'opère une réforme dans ses mœurs, et une révolution dans son gouvernement. Son avantage est de donner une sanction divine aux devoirs civils ou moraux, de multiplier les liens propres à conduire les hommes, d'embellir leur existance de mille agréables espérances, de circonvenir cette active inquiétude qui les dévore, dans un cercle déterminé, de les soustraire à l'ennui par l'habitude de certaines pratiques, aux haines par les rapprochements. Mais son inconvénient et ses dangers sont d'attacher à des pratiques puériles une importance qui affaiblit celle qu'on doit aux devoirs sociaux, d'étouffer, sous une broderie parasite et épaisse, les premiers éléments du bonheur ; de fausser l'esprit, d'accoutumer l'homme, pour plaire à Dieu, à se passer de la raison qui est son ouvrage ; de mettre l'humanité entière à la merci de quelques prophêtes, ou, ce qui est pis encore, à celle de tous leurs interprêtes, et d'amener un ordre de choses tel, que le culte se trouve partout et la morale nulle part.

Je parle ici des cultes qui sont homogênes avec les lois civiles ; car pour ceux qui ne le sont pas, il ne m'est pas possible de m'en former une idée. Je parle encore des cultes qui vivent en paix avec tous les autres, car ceux qui les anathématisent, sont inquiets, turbulents, et il est difficile de regarder dans ce monde comme frères, ceux que le ciel a destiné à être des démons dans l'autre.

Les premiers hommes adorèrent les astres : leur culte étoit une représentation animée et symbolique des phénomènes de la nature. Les premières idées se perdirent, les images restèrent et on les adora. Sur les débris de cet antique tronc, s'établirent, à la faveur des révélations sacrées, d'autres cultes, qui présentèrent des formes moins larges, et qui eurent moins de rapport à la politique, qu'à la morale domestique. Le premier culte fut donc celui de la nature, le second celui de l'imagination, le troisième celui de la morale, et même de la paix et de la liberté, établies par des dogmes, qui, par l'abus des temps, sont devenus des sources de servitude et de guerre. Il faut remonter aux premiers hommes pour trouver la clef de leurs cérémonies religieuses; et tel qui hait de tout son cœur les anciens idolâtres, est sans le savoir un payen modifié. Les anciens avoient eu le bon esprit de fondre ensemble les deux systêmes ; mais les modernes, partagés entr'eux, n'ont jamais trop su ce qu'ils étoient, et c'est ce qui leur a donné des mœurs ternes et une histoire sans couleur. On peut bien changer les lois; mais ce que les hommes souffrent le moins patiemment, c'est qu'on change avec violences leurs opinions religieuses. On se fera tuer pour conserver une chapelle ou une madone, et on laissera quelquefois détruire les lois les plus importantes sans la moindre opposition. Il faut cependant chercher à co-ordonner les deux systêmes, mais il faut y aller avec de grandes précautions. Il faut se garder des excès d'un philosophisme qui ne considère jamais les résistances, comme de ceux d'un fanatisme qui ne considère jamais la raison. Les extrêmes se touchent dans les passions, comme le froid et le chaud dans la fièvre. Ne faites pas mûrir la philosophie en serre chaude, vous n'en recueilleriez que des fruits amers et avortés. Laissez-la éclorre et se mûrir aux feux d'une chaleur plus lente, mais plus sûre. Vous n'avez pas arraché le flambeau de l'intolérance, des mains du fanatisme, pour vous en armer vous-mêmes, et l'allumer de nouveaux feux. Ce seroit une violence coupable que celle qui priveroit de l'exercice de leur culte des hommes qui y ont placé toutes leurs espérances et toutes leurs consolations; soyez heureux à votre manière, et laissez-nous l'être à la nôtre. Il ne faut pas comme César porter la hache dans le bois sacré; vous susciteriez contre vous tous ceux qui se plaisent sous leur ombrage, et qui sont attentifs au moindre mouvement de leur feuillage. Il faut laisser au temps le soin de désorganiser les vieux troncs. « Ne me tuez pas (disoit un vieillard vénérable à l'un des tribunaux de Robespierre) » n'avez vous pas assez de mes » biens, et qu'avez-vous encore à faire de ma vie ! Ne » faites pas, par une violence coupable, une chose que » la postérité vous reprochera et que les années et les » infirmités font tout naturellement. La mort me vient » tous les jours par la vieillesse, ne la faites pas venir » encore par le fer. Qui vous presse ! attendez »! on n'attendit pas.

Un homme d'esprit a dit que si les triangles faisoient un dieu, ils lui donneroient trois côtés. Cette idée est profonde, et elle nous fait voir quel fut le caractère des premiers fanatiques qui nous donnèrent la rude organisation des enfers. Les Egyptiens mettent Dieu en bateau, et les Tartares sur un traîneau traîné par des rennes. Il n'est sorte de bonne chose au monde dont la sottise des hommes n'ait fait un dieu, ni de si vilaine bête dont ils n'aient fait un diable. Les noirs font le diable blanc, et les blancs le font noir. J'ai vu en France, en l'année 1785, un Bramine des bords de l'Indus, qui portoit dans une boîte de fer blanc quelque chose attaché à son cou, qu'il appeloit son dieu. On sait ce que les femmes du Pegu portent comme une parure religieuse. Je cite toutes ces choses pour faire mieux sentir combien le culte des Européens offre plus de raison, de morale et de décence. On sait quel est le paradis promis aux Turcs, brûlés par un soleil ardent, et comment le *Législateur* des chrétiens donna des idées plus saines à des hommes qui avoient des besoins moins ardents et un esprit plus reposé. Le peuple alloit à d'autres systêmes, il étoit en chemin pour cela; mais on l'a dévalisé sur la route. Cependant, la révolution française a remporté une grande et solennelle victoire, en plaçant le culte hors-de l'ordre civil, en le restituant à la Divinité, à qui il appartient, en faisant rentrer les ministres et les cérémonies dans les temples; en abolissant ces établissements, foyers de cabales et de discordes pour les hommes, tombeau anticipé pour des filles épuisées et gémissantes; en r'attachant au domaine spirituel les ministres qui ont vu l'autre leur échapper, en les forçant de convenir que leurs dogmes peuvent subsister avec la république, et que la république peut subsister sans eux.

Je n'ai pas la moindre envie d'attaquer aucune doctrine religieuse, de fronder aucune secte ni d'humilier aucun sectaire; mais le sens commun, que la nature a donné à tous les hommes, me force de dire à tous ceux qui l'ont conservé, que c'est une rude chose qu'une poignée d'hommes, placés au nord de l'Europe, condamnent si impitoyablement à des flammes éternelles environ cent millions de leurs frères, que la nature a disséminés sur le globe, qui sont faits à leur image, qui ont reçu le sens commun, et qui n'ont jamais oui parler d'eux ni de leurs dogmes.

Que vous avons-nous fait, nos chers frères (s'écrient les hommes noirs de l'Afrique, les hommes olivâtres de l'Asie, et les hommes jaunes de l'Amérique), pour nous condamner à des supplices, dont le moindre feroit horreur au tyran le plus lâchement féroce ? qu'est-ce que c'est que toutes ces imaginations qui vous passent par la tête ! vous qui connoissez les arts, ne pourriez-vous pas donner à votre esprit un tour plus gai et plus heureux ? Quoi ! parce que vous avez la peau blanche, que vous vivez sous une température douce, que vous avez inventé l'art de graver, d'éterniser, de multiplier, de faire rapidement circuler vos pensées, faut-il que vous jugiez, avec tant de rigueur, tant de millions de générations qui vivent sous l'équateur et sous les pôles de cette gobille imperceptible, que le souffle de Dieu emporte dans l'immensité de l'espace, avec les hommes de tous les cultes et les hommes de toutes les couleurs ! Un blanc s'est assis sur la tombe d'un milliard de jaunes et de noirs, et il a dit : « Vous périrez » tous; vous ne verrez jamais la face de celui qui vous » créa. » Homme blanc, tu es notre frère, car tes femmes multiplient avec nos hommes, pourquoi troubler la paix de nos tombeaux, et tourmenter notre présent en tuant notre avenir ! pourquoi nos ossements ne sortiront-ils pas un jour avec la même gloire que les tiens ! ne sommes-nous pas tous convives dans ce banquet universel que la nature donne à tous ses enfants, et pourquoi veux-tu les ex-héréder de ces autres biens qu'elle nous doit encore lorsque nous renaîtrons ? qu'est-ce que c'est que cette olygarchie religieuse, qui donne à quelques-uns la jouissance du parvis, et laisse tous les autres dans les vestibules, ou les jette dans des basses-fosses ? Point de dureté, point d'orgueil, mon cher frère le blanc; car nous sommes pêtris de la même argile, et tes formes se briseront comme les nôtres, sous la main puissante qui décompose sans cesse, pour organiser sans relâche.

Je jette en passant ces observations sur la tolérance, avec d'autant plus de confiance, que je les considère comme le seul moyen de pacifier le monde, et comme étant, si ce n'est sur les lèvres, du moins dans le cœur de tous les ecclésiastiques bien pensants.

C'est ici le lieu de le dire, la république doit une reconnoissance éternelle aux ecclésiastiques patriotes, qui ont lié leur sort avec le sien, et qui ayant la misère pour apanage et la mort pour perspective, ont persévéré pendant sept ans, avec courage, dans les serments qu'ils lui ont faits. Ils ont entretenu l'ordre dans les petites communes, et on peut y constater leur présence, par le républicanisme qui y domine. C'est au gouvernement à venir à leur secours, en leur payant des pensions qui sont le prix de l'expropriation qu'ils ont subie sans murmurer, et à la nation à lui en fournir les moyens. Mais quant à leurs implacables rivaux, on doit éternellement se rappeler que la France marcha d'un mouvement unanime à la liberté, jusques au moment où ils élevèrent leur royale et théologique querelle, que ce sont eux qui ont ensanglanté une révolution toute philosophique; que ce sont eux qui ont été les instruments actifs de la Vendée, et les provocateurs d'une guerre extérieure suscitée par les troubles intérieurs; que deux millions de veuves et d'orphelins ont le droit de leur demander leurs époux et leurs pères; que ce sont eux qui métamorphosèrent pendant un temps le corps législatif en concile, en y poussant de nouveaux docteurs qui avoient reçu l'ordination de la main des rois; qu'il est absurde de conserver dans l'état des hommes qui ne reconnoissent pas l'état, que dis-je? qui, par d'odieuses rétractations, se déclarent en révolte ouverte contre lui; qu'avec eux il n'y aura jamais ni liberté, ni paix, ni bonheur, et qu'enfin il est temps de fermer sur eux une porte d'airain, et que le décret de leur bannissement soit immuable comme le destin même.

Quant à ceux de leurs sectaires que des terreurs religieuses ont jeté de bonne foi dans leur parti, il faut les éclairer sans aigreur, les ramener sans persécution, et ne pas imiter cette intolérance italienne, qui d'un parti faible, créa une force puissante, qui détacha d'elle une moitié de l'Europe. Mais on reconnoîtra facilement ceux qui prennent avec affectation cette cocarde romaine, par leurs exagérations, leurs doléances sur la ruine de la religion, leurs injures contre les esprits élevés, contre les philosophes. Je m'adresse à l'un de ces Jérémies ultramontains, et je lui dis: « Mon » frère, tu es sans doute un bien saint personnage, » puisque ta bouche est toujours pleine de maximes » toutes divines. Mais examinons un peu ta conduite: » autrefois tu ne fréquentois jamais les temples, et tu » n'as couru à des autels clandestins, que le jour où » tu as cru y appercevoir un trône; le temple du culte » où les os de tes pères reposent, est ouvert, et tu ne » t'y rends jamais, parce que tu y trouves le peuple. Il » te faut, pour prier, un asile secret et défendu par les » lois; et du moment où elles parlent, tu cesses de » vouloir de celui qu'elles autorisent. Tu cites, avec » une érudition toute sainte, les apôtres, tu commentes les canons et tu sais par cœur les nouvelles » bulles; mais les apôtres n'autorisèrent pas la révolte; » l'église prêche la paix, et il n'est pas un homme » éclairé qui ne sache la vertu d'une bulle. Qu'est-» ce donc qui t'a pris si subitement? Que veux tu? » Tous tes voisins se plaignent de toi; tu as intro-

» duit mille procès dans les familles ; tu as ruiné ton
» père, et tu plaides aujourd'hui contre tes sœurs ;
» est-ce là, mon frère, la conduite d'un homme si zélé
» sur les matières de religion, comme tu feins d'être!
» Cesse donc de traiter d'impies et de sacrilèges ceux
» qui, par la pureté de leurs vies, montrent la pureté
» de leurs ames. Sépulchre blanchi, fais accorder ta
» conduite avec tes principes, ou cesse de nous van-
» ter des principes démentis par ta conduite. »

Quant aux mesures à prendre sur les cultes, les lois qui fixent leur police sont rendues ; il ne s'agit que de les exécuter, en exerçant une responsabilité sévère sur tous les organes des lois qui négligent leur exécution. Si une administration et un commissaire de canton étoient assurés d'être déplacés quand ils tolèrent les rassemblements religieux, on en verroit beaucoup moins. Quant aux législateurs, ils ne doivent jamais envisager ces questions que sous des rapports de police : ils ne sont ni docteurs, ni évêques, ni fondateurs, ni réformateurs, ni détracteurs de sectes, pour entrer dans de pareilles disputes ; c'est aux écrivains à faire le reste. On a élevé deux piédestaux ; on a placé la république sur l'un, et l'autre attend que la philosophie vienne y prendre une place immuable, éternelle.

INSTITUTION.

APRÈS les cultes, ce qui modifie le plus profondément la société, ce qui influe le plus sur les mœurs et sur la conservation du gouvernement, c'est la direction de la jeunesse. L'éducation est plus relative à l'enfance, l'institution à l'adolescence, et l'instruction à la jeunesse. L'une a sur-tout les facultés physiques pour objet ; la seconde, les qualités du cœur ; et la troisième, celle de l'esprit. La première appartient à la famille, la seconde et la troisième à l'état. Tout peuple qui a le bonheur de vivre sous le gouvernement représentatif, a besoin, pour le conserver, de l'instruction nécessaire pour surveiller sans cesse le gouvernement et toutes les magistratures, pour demander le redressement des griefs qu'il peut éprouver ; car c'est à lui de voir et d'examiner ; c'est de ses propres affaires dont il s'agit : il n'a point de maîtres, et ses magistrats ne sont que ses mandataires. Secondement, il a besoin de mœurs telles qu'il soit disposé, par devoir, à obéir quand on lui commande avec droit, à résister à l'usurpation de sa souveraineté, et à nommer toujours des magistrats incorruptibles. Il est donc nécessaire que l'état dirige l'institution qui influe sur les mœurs, et qu'il gouverne l'instruction, qui développe l'intelligence. Sous le gouvernement monarchique, la jeunesse est livrée aux prêtres, qui la rendent aux rois ; sous un état libre, le gouvernement doit la livrer à des instituteurs républicains, qui la façonnent à la liberté. La législation et l'institution doivent aller ensemble ; car si on élève les hommes pour la superstition et la servitude, et que la loi les appellent à la philosophie, à la liberté, vous avez une anarchie constituée : l'aplomb du caractère se perd dans ces contradictions, et l'énergie nationale partagée, s'affaiblit dans les divergences.

Quand une nation a vieilli sous un gouvernement fixe, et que ses allures sont formées, l'institution prend tout naturellement la pente vers laquelle tout se porte, sans que le gouvernement y donne d'autres soins que ce coup-d'œil général dont il doit tout embrasser ; mais sous un gouvernement naissant, qui n'est pas fondé sur un consentement unanime, quand il y a des déchirements entre les partisans de l'ancien et les fondateurs du nouveau, on sent combien est urgent le besoin qu'il s'empare de l'institution et de l'instruction ; il n'aura jamais trop d'éléments à sa disposition pour s'enraciner dans les esprits. Si le gouvernement a l'égalité pour base, on conçoit que cette égalité n'est plus qu'une

brillante

brillante chimère, lorsqu'il y a une inégalité frappante dans l'instruction, parce que l'homme ignorant est toujours une proie facile pour l'homme plus instruit.

Les hommes sages qui dirigèrent la révolution américaine, à mesure qu'ils s'avançoient dans un village, et qu'ils le républicanisoient, y établissoient une école, un précepteur, un club et une imprimerie. Les Anglais n'ont conservé le peu de liberté civile qui leur reste (car pour leur liberté politique, il y a plus de vingt ans qu'il ne leur appartient plus d'en parler), que parce que tout le monde en Angleterre sait lire, écrire, calculer; parce que tout le monde y lit les gazettes, et qu'il y a des clubs et des discussions politiques par-tout. Il est fort ordinaire de trouver en Suisse des bergers qui lisent Homère, et c'est sur-tout dans les petits cantons, que l'on trouve ces hommes simples, qui ont conservé l'énergie de la nature, en se tenant près d'elle, et l'esprit de liberté en cultivant leur intelligence. Dans les cantons aristocratiques ou olygarchiques, vous n'y trouvez pas la même instruction, parce que ces gouvernements, qui ne subsistent que par l'ignorance, se gardent bien d'y favoriser des lumières dont l'accroissement les perdroit. La Hollande, dans les premières époques de sa liberté, étoit l'école des arts et des sciences; et quand le Stathoudérat y devint héréditaire, on vit les lumières s'éteindre et la liberté se perdre dans une ignorance qu'il étoit intéressé de favoriser. Les lumières sont à la liberté ce qu'est l'aurore au soleil; quand elles commencent à dorer les sommets élevés, croyez que la république n'est pas loin.

C'est une chose remarquable que le sol de l'Europe le plus fertile soit couvert par le plus de misères. C'est une réflexion que font tous les étrangers qui arrivent en France. Les classes industrieuses y sont si accablées de travail et pressées de besoins, qu'elles ne peuvent payer l'instruction de leurs enfants. Il faut donc pourvoir à ce besoin.

La France entière est témoin que dans ce moment la jeunesse y est livrée à des religieuses, à des prêtres fanatiques, à des maîtres qui ne sont admis auprès des pères à instituer leurs enfants, que parce qu'ils ont auparavant fourni leurs preuves d'aristocratie.

L'établissement des écoles primaires doit donc produire ces deux avantages : une instruction gratuite pour le pauvre, une instruction républicaine pour le riche.

Jusques à présent les moyens que l'on a pris sont insuffisants; on discute sur les écoles primaires depuis huit ans, et il n'y en a point encore, car un simple logement qu'on accorde à un maître, n'est pas un salaire suffisant pour le fixer.

Je proposerai donc les moyens suivants :

1°. L'instruction et l'institution sont sous la surveillance des lois et du gouvernement;

2°. Les administrations municipales sont autorisées à désigner les communes où il est nécessaire de placer un maître d'école pour les garçons, et un maître pour les filles;

3°. C'est le gouvernement qui nomme ces maîtres, où qui approuve leur nomination;

4°. Les maîtres seront payés de la manière suivante : dans chaque arrondissement on fera un rôle des pères de famille qui ont des enfants dans l'âge d'assister aux écoles; ils seront divisés en quatre classes, à raison de leurs contributions : ceux de la première (ou les plus fortement cotisés) payeront à raison de vingt, ceux de la seconde à raison de dix, ceux de la troisième à raison de cinq, ceux de la quatrième rien.

5°. Ce rôle sera rendu exécutoire par les administrations municipales, et les pères obligés de payer le maître, comme pour les deniers de l'état;

6°. Les pères payeront pour leurs enfants, soit qu'ils fréquentent l'école ou non;

7°. Les pères qui n'enverront pas leurs enfants aux

écoles primaires, perdront leurs droits de citoyen, et les enfants ne jouiront un jour de ce droit, qu'en prouvant qu'ils les ont fréquentées;

8°. Le commissaire du canton sera obligé de visiter deux fois par mois toutes les écoles du canton;

9°. Les maîtres et leurs élèves auront dans les fêtes publiques une place honorable;

10°. Il y aura chaque année des prix distribués par les administrations municipales aux élèves;

11°. On enseignera dans les écoles primaires, à lire, à écrire, et les principes élémentaires du calcul;

12°. On enseignera à lire dans la déclaration des droits, dans la constitution française, et à répéter de mémoire les instructions publiées par le gouvernement;

13°. L'administration centrale pourvoira, par un réglement, au régime intérieur des écoles;

14°. Il y aura dans chaque département, sous les ordres de l'administration centrale, un commissaire à l'instruction qui sera tenu de vérifier au moins deux fois l'an toutes les écoles du département;

15°. Les maîtres et instituteurs particuliers ne pourront enseigner sans l'approbation du gouvernement.

Ces moyens et une foule d'autres dont ils font naître l'idée, produiroient les résultats suivants:

1°. Ils soustraient l'enseignement à l'aristocratie, qui s'en est exclusivement emparée;

2°. Ils favorisent les idées républicaines par la pratique de l'égalité;

3°. Ils organisent définitivement et presque subitement les écoles en faisant un sort aux maîtres, qui en comptant les enfants de la commune, verront tout de suite sur quel revenu ils peuvent compter;

4°. Ils ne coûtent pas un sou au trésor public;

5°. Ils procurent aux enfants des pauvres un enseignement aux dépens des riches;

6°. Ils ne sont pas fort onéreux aux riches eux-mêmes, car dans les campagnes reculées des villes, on ne paye que dix sous par mois pour chaque enfant, et le riche n'auroit à payer que quarante sous pour chacun des siens.

ÉCOLES CENTRALES.

La seule instruction qui soit à la portée des classes pauvres et industrieuses, c'est la lecture, l'écriture et le calcul; mais il faut autre chose aux grandes sociétés que du blé, des habits, des souliers et du fer. Il faut à leur prospérité, les sciences qui fixent et perfectionnent les arts utiles, les beaux arts qui sont comme une décoration qui agrandit et élève l'esprit; les lettres qui améliorent et perfectionnent l'homme, qui apprennent à le connoître et lui tracent ses devoirs, soit en société, soit en famille. On a donc établi des écoles centrales. Si on veut bien comparer ces beaux établissements, qui ne font que de naître, mais qui sont destinés à croître avec et par la république; ces établissements où toutes les sciences, tous les arts, et plusieurs branches de littérature sont enseignés; si on les compare, dis-je, avec ces collèges, où l'on passoit dix ans à apprendre une langue morte, que l'on ne savoit point lorsqu'on les quittoit, on verra la grande différence qu'il y a entre les institutions monarchiques et religieuses, et les institutions larges que fait la liberté. On pourroit desirer de voir dans ces écoles, au moins trois maîtres de latin au lieu d'un, et un de grec, car on sait que l'étude des langues est un excellent cours d'analyse, et qu'il est, pour les choses morales ou politiques, une sorte de clef, comme la chymie pour la physique.

La jeunesse, après avoir suivi ces deux degrés, auroit encore besoin d'un troisième qui, placé à Paris au centre des lumières, et sous les influences protectrices du gouvernement, achèveroit dans les jeunes esprits, l'instruction ébauchée dans les deux autres degrés. L'un des plus beaux établissements de la révolution fut l'école normale; aussi se pressa-t-on de l'abolir lorsqu'on voulut faire la contre-révolution. Ces états généraux de la littérature, où un Volney developpoit avec sagacité tous les éléments de l'histoire, où un Garat faisoit l'analyse de l'entendement avec cette grâce et cette clarté qui lui sont propres, où l'on voyoit l'émulation interroger le génie, et ces dialogues si intéressants entre les premiers maîtres de l'Europe et les disciples, tout cela laissera un long souvenir dans l'histoire des lettres. Le recueil des leçons de cette école, tout incomplet qu'il est, est encore un monument précieux qui nous apprend l'état exact du degré où sont parvenues les sciences et les meilleures méthodes pour leur enseignement. Des multitudes d'élèves de cette école se sont répandues dans les départements; et s'ils n'y ont pas apporté une instruction complette, presque tous y ont puisé un grand enthousiasme pour les sciences, qui sera pour eux le principe de nouveaux progrès. Il faudroit donc rétablir cet établissement précieux, qui est le plus propre à verser, du centre aux extrémités, toutes les connoissances, toujours trop reserrées dans la capitale. Si vous n'universalisez pas les connoissances, vous ne faites rien d'utile; c'est une espèce de monopole pour Paris, qui obtient alors la suprématie: la plupart des grands hommes vivent là, et on sait qu'il y a plus encore à gagner à les entendre qu'à les lire. Je voudrois que chaque canton fournît à l'école normale un élève, et que l'état lui payât 500 l. par an. Cela occasionneroit une dépense d'environ trois millions, qui est peu de chose lorsqu'on la compare à un revenu de 615 millions: il faudroit exiger, 1°. que l'élève eût déjà suivi l'école centrale, et qu'il eût des certificats à cet égard; 2°. qu'il restât trois ans à l'école de Paris; 3°. que son assiduité aux écoles fût constatée par des certificats.

Par la suite, on pourroit exiger que nul ne peut être professeur, ni entrer dans les emplois qui exigent des connoissances, sans avoir suivi les trois degrés de l'institution républicaine.

THÉATRES. UNE NATION toute électrique, qui agit plus par sentiment que par réflexion, qui a déjà tout fait par enthousiasme lorsque vous parlez encore à sa raison, doit laisser une grande prise sur elle aux représentations théâtrales. Corneille, né sur la fin des guerres civiles, fit son théâtre pour des hommes en révolution. Racine, qui soupiroit dans une cour galante, fit le sien pour les femmes. Dubelloy le nationalisa pour la monarchie; Voltaire l'universalisa pour l'humanité : on attend qu'on le popularise pour la république. Nous n'avons vu long-temps sur nos théâtres que des Grecs; l'éternelle famille de Pélops y avoit pris droit de bourgeoisie. Je sais que les sujets s'agrandissent par l'éloignement, et que l'illusion théâtrale tient sur-tout à l'avide curiosité, qui soulève, comme en tremblant, cette draperie mystérieuse qui couvre des évènements qui se perdent dans la profondeur de temps tout miraculeux et tout barbares. Mais s'il y a quelque chose à perdre de ce côté-là, combien les sujets nationaux ne gagneroient-ils pas chez nous par l'enthousiasme populaire ? Que sont, en effet, les plus beaux sujets de la haute antiquité, dont toute l'influence ne sortoit pas de l'enceinte d'une bourgade, auprès de ces héroïques et immortels évènements qui sont arrivés au milieu du siècle des arts et des lumières, ayant tous les rois et les peuples de l'Europe pour acteurs, et le monde entier pour témoin ? Que l'on cite une seule époque de l'histoire, aussi féconde en grands évènements, en catastrophes, en trônes renversés, en princes, en rois détrônés ou fugitifs, en grands hommes proscrits ou couronnés, en fêtes, en batailles, en siéges, en apothéoses, en supplices, en caractères énergiques, en vices, en vertus ! Toute cette épouvantable tourmente où l'on a vu se dissoudre, se confondre, se hurter tous les éléments de l'ancien monde, et un nouvel ordre de choses naître par-tout de ce chaos, est une suite continuelle de tragédies plus imposantes, plus sublimes, que toutes celles de l'antiquité; et malheureusement pour notre gloire, nous avons quelquefois fourni trop de sujets à la muse tragique. A la vérité, notre révolution ne peut lui fournir ni centaures, ni minotaures, ni magiciens, ni magiciennes, ni des dieux qui s'élèvent sur un aigle, ou des déesses qui descendent sur un hibou, ni enfin tous les prodiges qui appartiennent à des temps où l'on croyoit aux miracles, parce qu'on ne connoissoit pas la nature, et à des individus assez peu hommes pour se croire des demi-dieux. Mais n'est-ce donc rien pour la tragédie que les droits des peuples rétablis et vengés, que des républiques sortant de tous côtés sur les débris des trônes, que l'homme restitué à sa dignité première, prenant un vol supérieur, s'élançant au-dessus des coutumes vulgaires, à une hauteur où il veut toujours se montrer homme, alors que l'antiquité l'eût regardé comme un demi-dieu ?

O vous qui aimez les sujets forts, dites-nous ce qu'il vous faut, si ceux-là ne peuvent vous convenir ! La terreur et le pathétique sortent de tous côtés de ces sujets, qui ont le mérite d'être absolument neufs, et une carrière nouvelle s'ouvre aux muses comme aux peuples. Cicéron, sur le théâtre, est-il plus imposant que ne le seroit Mirabeau, qui appartient par ses mœurs aux temps modernes, et par ses formes, à l'antiquité ? N'avons-nous pas eu une Clytemnestre tout aussi tragique que celle des anciens ? les Sénèques et les Burrhus n'ont-ils pas été obligés de s'ouvrir les veines à la cour d'un moderne Néron, qui eut aussi ses Tigellins et ses Narcisses ? Le jeu de paume, la prise de la Bastille, le 5 octobre, le 10 août, le 13 vendémiaire; sont-ce là des sujets passablement tragiques ? L'horrible boucherie, commandée par le sénat de Venise, l'humiliation de Rome, l'effroi de Vienne, la prise de Turin, que vous faut-il de plus, auteurs dramatiques, que des rois, des princes, des empereurs, des papes, des cardinaux, d'un côté; et de l'autre, des peuples, des républiques, des héros; que dis-je, des hommes!

Et quant à la muse lyrique, n'avons-nous pas l'arrivée des Français dans l'île de Cithère; nos héros arborant le drapeau tricolor sur le palais d'Ulysse, le lac de Mantoue rendu à sa dignité première, et réfléchissant dans ses eaux des soldats libérateurs et des bergers indépendants; et dans les îles de l'Archipel, les petites-filles d'Hélène et de Pénélope retrouvant, à la voix de la liberté, la danse d'Ariane et les jeux de la palestre, et bientôt Bonaparte en Ecosse, et les descendants de Fingal et de Ross-Crana couronnant le Héros français sur la tombe d'Ossian, tandis que les Bardes entonnent l'hymne de la victoire, et que les ombres de leurs aïeux leur parlent du haut des nuages ? N'avez-vous pas le passage des Alpes, et nos généraux trouvant sur leurs sommets, couverts de fleurs et de verdure, des bergers qui mêlent leurs chants rustiques aux hymnes des guerriers, et des bouquets de gentiane et de fritillaire, aux lauriers dont sont couvertes leurs têtes immortelles ?

Et quant à la muse comique, les mœurs effacées et avilies par la corruption de la monarchie, ne lui fournissoient plus de sujets; il n'y avoit plus de caractère, et tout étant devenu ridicule, il n'y avoit plus de ridicule à saisir. Mais la révolution, en remuant profondément tous les intérêts et toutes les passions, a fait connoître une grande diversité de caractères originaux; elle les a, pour ainsi dire, fait sortir de la toile, pour les mettre en relief, et ils attendent un homme à talent pour les saisir et les placer sur la scène. Les mœurs sont plus frappantes dans la révolution, comme le pouls est plus élevé dans la fièvre. Vous avez aujourd'hui le faux dévot, qui n'est pas le Tartuffe de Molière, ni l'Onufre de la Bruyère, mais qui a un caractère particulier d'hypocrisie qui appartient à l'époque honteusé du burlesque pontificat de Camille Jordan ; vous avez l'Intrigante de bureau ; l'Incroyable, qui n'est pas l'Acaste du Misantrope, et les Merveilleuses, qui ont une nuance trés-différente de celle des Précieuses ridicules ; le Caméléon, s'armant tour-à-tour de proscriptions ou de massue, à la voix de la multitude ou à la voix des rois ; le magistrat, devenu charretier ou tailleur du gouvernement. Si les hymnes dictés par le génie de la liberté au génie des Chénier et des Lebrun ont eu une influence si puissante, que seroit-ce qu'un théâtre dirigé sur des principes républicains ! Toute la France seroit républicaine, si tous les gens d'esprit l'aidoient de leurs talents. Mais, il faut le dire, les talents ne produisent, comme les sels ne cristallisent, que dans le repos. Les muses ne fleurissent pas dans les alarmes ; elles jettent bien une pomme, mais elles courent, comme Galatée, se cacher derrière les saules, et elles ne veulent pas même qu'on les apperçoive dans leur fuite. Le moment où un peuple a une belle littérature, est celui où ses grands mouvements sont passés ; son génie, avec ses passions, s'est fécondé dans ce rude passage. L'orage n'est plus ; mais la mer est encore haute, et elle pousse avec une grande activité le vaisseau des arts dans des régions vierges et inconnues. C'est au gouvernement à diriger l'esprit public de ce côté, et il ne peut y parvenir qu'en maintenant la paix intérieure, en brisant sans miséricorde toutes les factions, en encourageant, en honorant le génie. L'institut national peut beaucoup s'y aider. En le faisant, il travaille par lui-même, mais il ne faut pas qu'il fasse des programmes, et qu'il décerne des prix pour des pièces de théâtre : le génie n'a pas besoin de cette espèce d'impulsion. Les Molière et les Voltaire ont travaillé plus par le besoin de produire que par le desir des récompenses, et les peuples, non plus que les rois, n'ont pas de couronnes assez belles pour ce petit nombre d'hommes supérieurs, qui s'étant élevés aux plus hautes régions de l'esprit, ne peuvent trouver de prix à leurs sublimes travaux que dans l'idée consolatrice d'améliorer le sort de l'humanité, de reculer les bornes des connoissances, et d'avoir droit à la reconnoissance de la postérité.

Je ne me propose pas de parler de toutes les branches de notre littérature, ni de l'impulsion qu'on doit leur donner pour les utiliser. Lorsque les principes républicains auront passé dans toutes les sociétés littéraires, dans tous les ateliers d'enseignement et dans tous les cabinets des gens-de-lettres, elles éprouveront nécessairement une révolution qui les identifiera avec les nouveaux principes. Les fadeurs et les collifichets littéraires tomberont, et les transactions de l'institut s'accroîtront de tout ce qui pourra manquer à l'almanach des muses. Les principes républicains ne sont pas incompatibles avec les grâces : ils reposent sur les belles proportions des sociétés, comme celles-ci sur les belles proportions de la nature. Mais le maniéré, le doucereux, l'affectation, qui avoient usurpé une sorte de sceptre dans notre ancien royaume littéraire, ne sont pas les grâces, elles n'en sont que la caricature ; et la circulation rapide qu'avoit cette fausse monnaie, fera place à des pièces marquées au sceau de la nature et de la république. La littérature n'a eu, jusqu'à présent, chez les grands peuples, que trois périodes ; celle d'un sublime à demi barbare, celle du vrai beau, et celle du maniéré et du gigantesque. A la révolution française; qui a produit tant de nouveautés en tout genre, on sera encore redevable de celle-ci, une quatrième période, qui réunira à la vigueur de la première, la justesse et la beauté de la seconde. Ainsi, pour la première fois dans le monde, les lettres se régénèreront avec les peuples, après être descendues à un degré très-bas quant aux formes du style; car les idées s'étoient tournées vers les choses utiles; elles ne manquoient ni de justesse ni de vigueur, et on ne pouvoit leur reprocher que de manquer de ce vêtement attique, qui touche le goût et fait circuler la pensée plus rapidement et sous des formes plus heureuses.

SECOURS PUBLICS.

JE vais parler des secours publics. Le cœur se brise en voyant des vieillards, succombant sous le poids de leurs infirmités et ne recevant de leurs enfants, pour tout secours, qu'une besace pour demander leur pain; des femmes privées de tout secours, et accouchant dans la solitude, comme la biche au fond des bois, de jeunes enfants à demi nus et collés contre une borne, où ils meurent de faim et de froid, des pères sourds à la voix de la nature et craignant d'augmenter leur misère avec leur famille, des mères déchirées entre le besoin et la tendresse, et forcées de se réjouir de la mort de leurs enfants; et dans d'autres temps n'avons-nous pas vu nos soldats mutilés, demander l'aumône avec la seule main que la guerre leur avoit laissée, l'autre main c'est pour nous qu'ils l'avoient perdue; et quelques-uns de ceux dont ils avoient défendu les propriétés, ne daignoient pas en offrir la moindre portion à leurs libérateurs. Voilà des spectacles qui frappent tous les jours les yeux et le cœur dans les grandes sociétés. Ce sont eux qui rendirent Jean-Jacques si sauvage, et qui repoussèrent cette ame sensible dans les forêts, où il trouvoit une providence plus attentive aux besoins de tous les êtres vivants. Quand on considère tous ces maux, on voit que les bêtes sont plus heureuses que les hommes, et on est tenté de reprocher à la nature, d'avoir donné à l'homme avec de plus grands besoins, la raison qui les lui rend plus insupportables. Ces hommes sont pauvres, dites-vous, et vous, vous êtes riches, et vous croyez avoir assez fait en les renvoyant ironiquement au ciel, pour obtenir une bénédiction, qu'ils ont droit d'attendre de vous et non de lui. Ces hommes ont des vices, dites-vous, et vous, n'avez-vous pas les vôtres ! et le beau prétexte pour vous exempter de donner, que d'attendre qu'un homme parfait vienne vous demander l'aumône ! Autrefois il y avoit des hôpitaux; mais on a vendu leurs biens. Il fut un temps où les riches donnoient, mais les nouveaux riches sont cent fois plus durs que les anciens. Autrefois il y avoit beaucoup de familles secourues par des établissements bien respectables, et connus sous le nom des dames de charité; mais depuis que l'aristocratie et le fanatisme ont corrompu et endurci tous les cœurs fermés à la raison, on ne donne plus rien, ou pour mieux dire, on donne d'une manière perfide : on donne à condition qu'on se détachera des principes républicains. Ce n'est pas un secours qu'on porte à l'humanité, c'est une prime qu'on accorde à l'aristocratie. Le royalisme ne se contente pas de travailler dans les assemblées primaires, dans les écoles, dans les ateliers, dans les sociétés, il travaille jusque dans la chaumière du pauvre, en lui faisant payer quelques-uns de ses besoins, par la perte de son patriotisme. Il travaille en ne donnant du travail et des salaires qu'à ceux de son parti, en abandonnant la boutique, et laissant sans emploi tous ceux qui sont soupçonnés d'aimer la république.

Cette influence, dont il ne paroît pas qu'on ait jamais voulu calculer les puissants effets, soit pour le présent, soit pour l'avenir; cette influence sans cesse agissante et corruptrice, et qui prolongera long-temps encore les angoisses de la révolution, s'étend depuis Paris jusques au chalet le plus élevé des Pyrénées, et il faut que le peuple soit, aussi fortement qu'il l'est, passionné pour la liberté, pour que tant de moyens employés avec tant d'art, et qui touchent tous les jours tous ses besoins, n'aient pu encore l'en détacher.

Je crois bien me rappeler qu'on lève en Angleterre, sous le nom de *Poor-Tax*, environ cinquante millions de notre monnaie, qui sont employés en œuvres de bienfaisance, sans compter les maisons de souscription que chaque corporation d'arts et métiers entretient dans chaque ville, moyennant une rétribution hebdomadaire, que paient les ouvriers pour avoir droit, dans le besoin, aux secours que la maison distribue. C'est par l'influence de ces deux moyens, qu'on a banni de l'Angleterre la mendicité.

Les époques révolutionnaires sont des temps extraordinaires où rien n'est encore à sa place ; mais quand le gouvernement est solidement et depuis long-temps établi, quand il est enraciné dans les mœurs, dans les besoins, dans les habitudes d'une nation, la larme que l'indigent répand au coin d'une rue est un acte d'accusation contre lui; le mendiant est un témoin, un accusateur, qui dépose que la nation est mal gouvernée. Je suis persuadé qu'avant six années, il n'y aura en France d'autres mendiants que ceux que leur débauche ou leur fainéantise dévoue à cette honteuse profession. Sous un gouvernement libre, tout s'anime, se vivifie, et prend sa véritable place, et les hôpitaux, les maisons de force, les bicêtres, sont un signe certain qu'un peuple à de mauvaises lois, ou qu'il en a corrompu de bonnes. Ces établissements sont à la vérité des remèdes, mais ces remèdes eux-mêmes attestent l'existence d'un mal, dont il vaudroit bien mieux tarir la source.

Un jour viendra où les secours publics se trouveront tout naturellement organisés, par l'égalité des partages entre les successibles, par les primes et autres encouragements accordés aux fabriques, par l'estime accordée aux professions utiles, et le mépris versé sur l'oisiveté, sur le vagabondage, sur la prodigalité, par la légèreté des subsides, par les ouvrages publics que le gouvernement entretiendra, par le juste équilibre que le gouvernement doit maintenir par des lois sages, entre la valeur des denrées et le prix des salaires. Vous n'aurez pas besoin d'hospices d'enfants trouvés, quand vous aurez facilité les mariages, et détruit par l'opinion (et non par des lois somptuaires qui ne conviennent qu'aux démocraties pauvres, agricoles ou militaires), tous ces besoins factices qui empêchent de se marier. Vous n'aurez pas besoin d'hospices pour les vieillards, quand vous aurez des institutions qui honoreront la vieillesse, et qui flétriront le fils ingrat, qui refuse la subsistance à celui de qui il reçut la vie. Vous n'aurez pas besoin d'hôpitaux quand le gouvernement aura dans tous les départements des inspecteurs de santé, chargés de veiller à la salubrité de l'air, au desséchement des marais, à l'enlèvement de toutes les causes pestilentielles que les habitants des campagnes amoncellent autour de leurs habitations; quand vous aurez, par des examens que l'humanité réclame, réprimé cette médecine empyrique qui tue au hasard, et cette médecine ignorante qui tue par les remèdes, plus que la nature par les maux.

Mais ces améliorations ne peuvent être que l'effet du temps; en attendant, les besoins pressent. Les villes ont la ressource d'une imposition mise sur les spectacles, et des hospices auxquels le gouvernement fait passer quelques fonds. Dans les campagnes la misère n'est pas secourue, les larmes y coulent dans la solitude et ne sont presque jamais essuyées. La nature envoie aux hommes des maux que la sagesse n'a pu ni prévoir ni prévenir, et souvent les familles les plus pures sont en proie à des malheurs, qui épargnent la méchanceté et l'égoïsme, comme pour nous indiquer qu'il existera pour nous un ordre de choses plus équitable et plus régulier. Une veuve reste avec six enfants hors d'état de gagner leur subsistance, à qui sur la terre s'adressera-t-elle ? que fera-t-elle, accablée de tant de maux, que sa famille lui rend plus sensibles ! Elle souffre non-seulement comme veuve et comme mère, mais encore comme pauvre, et souvent comme malade, et pourra-t-elle résister long-temps à tant de chagrins, à tant de misères, et à tant de peines qu'elle se donne pour les surmonter ? Le gouvernement ne peut que veiller aux besoins généraux, mais c'est aux administrations municipales à veiller aux maux individuels. C'est à un agent qu'il appartient d'avoir le catalogue des indigents à secourir, et des hommes opulents qui peuvent le faire. Des souscriptions libres en faveur des malheureux, devroient être établies dans chaque administration. On devroit lire dans chaque assemblée décadaire, le nom des bienfaiteurs, et on remarqueroit les égoïstes par cela seul qu'on n'entendroit pas le leur.

Il me resteroit à parler de notre code civil, de l'administration intérieure, de la justice civile et de la justice criminelle, et des réformes dont toutes ces parties seroient susceptibles, pour les co-ordonner aux principes du gouvernement représentatif, afin que tous les efforts se tournent et que toutes les modifications qu'on reçoit, se portent vers son raffermissement. Mais je m'arrête : je n'ai pas voulu composer un livre, mais jeter rapidement quelques idées dans une brochure sans toilette ; et quant aux mesures de sûreté et de police, je ne connois pas assez notre position pour en parler. Tout ce que je puis dire, c'est que si une grande loi de sûreté peut, dans un moment de crise, sauver un empire, toutes les petites lois de police, dans les temps ordinaires, ne sont que des escarmouches qui harcèlent l'ennemi, plutôt qu'elles ne le soumettent. Mais les lois générales qui influent sur les mœurs, sur l'opinion, sur l'esprit public, celles qui modifient tous les jours la société, sont comme une attaque générale qui prend l'ennemi sur toutes ses lignes, force tous ses retranchements à la fois, lui coupe toute retraite, l'enveloppe et l'oblige, sans effusion de sang, à mettre bas les armes. Il y faut un peu plus de temps, mais on en est plus sûr de réussir.

LES FACTIONS.

UN des grands maux de la société, c'est l'esprit de parti, et les attaques que se livrent les factions. Elles s'établissent par-tout où l'on révolutionne et par-tout où l'on jouit de la liberté, et elles ne peuvent pas plus y faire renoncer, que le fanatisme ne peut faire renoncer à la vraie religion. Quand elles se tiennent dans les bornes d'une sage discussion, elles sont utiles, elles forcent le gouvernement et toutes les magistratures à s'observer. Quand elles sont perturbatrices, sanguinaires, elles déshonorent le pays qui en est le théâtre, et elles finissent par y tuer la liberté. Quand l'une d'elles est trop puissante, elle paralyse ou détruit le gouvernement, et livre un pays à l'anarchie. On sait combien la faction des *Whigs* est utile à l'Angleterre, et combien Rome acquit d'énergie et de puissance par la constante opposition des deux grandes factions qui la divisèrent sans cesse, sans pouvoir la déchirer ni l'anéantir. En Angleterre et à Rome, les deux partis rivaux étoient d'accord sur les principes fondamentaux de l'état, et leur dispute ne portoit que sur des accessoires, ou des améliorations, qu'un parti vouloit et que l'autre refusoit.

Mais, sous un gouvernement puissant qui éprouve encore de grandes résistances, les factions empêchent le gouvernement de s'établir, à-peu-près comme les oscillations d'un membre luxé l'empêchent de reprendre. Les partis ont beau se diviser sous mille étendards différents, la faction de l'ancien gouvernement, qui est toujours aux aguets pour reprendre son ancien pouvoir, se faufile dans l'un des partis en prenant sa couleur, et elle le mène beaucoup plus loin qu'il ne pensoit d'abord ; ou bien, si elle n'entre pas dans les rangs, elle éguise la fureur des partis, prête à se jeter sur eux, quand elle aura l'espoir de les accabler. C'est ainsi que la convention, opprimée le 4 prairial, appela les modérés à son secours. Les monarchistes prirent le masque de la modération ; et fiers du succès qu'on voulut bien permettre qu'ils rendissent, ils vinrent égorger, le 13 vendémiaire, ceux qu'ils avoient fait semblant de sauver le 4 prairial. Le combat des factions est donc toujours, sous un gouvernement nouveau, une prolongation de révolution. Je n'envisage pas ici les factions sous le point de vue moral, ni jusqu'à quel excès d'une déplorable démence, l'esprit de parti déprave et corrompt les hommes. Je ne parle pas non plus de ces factions qui ont pour objet un homme ou quelques hommes ; elles sont trop honteuses. Beaucoup de révolutions se sont faites pour établir quelques maîtres à la place de quelques autres ; mais la révolution française a été faite pour établir des principes qui apprennent à s'en passer : aussi ne disons-nous pas, comme dans la fronde, *point de Mazarin ;* mais nous disons, point de royauté. L'essentiel est que les factions soient moins fortes que le gouvernement, et que le gouvernement soit moins fort que les lois.

Heureux les peuples qui ont des lois écrites, et qui s'y renferment ! L'interrègne des constitutions est l'époque des grandes ambitions qui renversent l'état, et celui de l'anarchie, qui est un composé des petites ambitions déchaînées, qui le tourmentent et le dévorent. Mais une constitution écrite et en vigueur est pour les ambitieux le cercle de *Popilius* : il est encore un point de ralliement pour cette majorité, qui est toujours immense, qui veut la paix et la tranquillité ; et de toutes les mesures de sûreté, il n'y en a pas de meilleure que celle-là. Aussi, le gouvernement a-t-il formellement déclaré qu'il ne souffriroit jamais aucune extension inconstitutionnelle ; et tous ceux pour qui l'honneur et la vie sont quelque chose, doivent seconder le généreux desir qu'il a de rester imperturbablement assis au centre des lois. Ce sera pour la première fois qu'on aura vu une grande puissance en sortir un instant pour sauver l'état, et y rentrer avec gloire un moment après, par la seule impulsion de la probité et du devoir.

Il n'y a personne qui ne sente la nécessité de raffermir le gouvernement. En effet, ce sera vainement que l'on fera d'excellentes institutions et des lois favorables aux mœurs et à la liberté, si on ne consolide l'établissement central auquel elles s'attachent. Un des moyens les plus sûrs pour y parvenir, c'est d'assurer l'existence de ceux qui le défendent. Il ne sauroit y avoir de patrie là où il n'y a pas de sûreté pour les patriotes. Dans des temps moins heureux, les républicains ont été livrés à des tribunaux corrompus, et à ces chambres ardentes, ces corporations d'assassins, que l'Angleterre avoit établies pour noyer la liberté dans le sang de ses défenseurs. Depuis que le gouvernement a repris la juste portion de pouvoir qu'on lui avoit enlevée, les massacres ont cessé ; mais ils ne sont pas si loin de notre mémoire, qu'ils ne puissent encore revenir. Il faudroit, pour ainsi dire, que les patriotes fussent revêtus de cette inviolabilité qui couvre les législateurs eux-mêmes ; car si les députés représentent le peuple et la liberté, les patriotes éclairés représentent cette raison universelle qui a affranchi le peuple et créé la liberté. Ce n'est point ici une mesure que je propose, c'est seulement un biais que j'ai pris pour faire entrevoir une idée : on sent qu'il ne faut pas trop presser celle-là. L'art de tordre la vérité pour en faire sortir le mensonge, est connu dans les ateliers où l'aristocratie fabrique de fausses opinions.

EXTÉRIEUR.

Je vais dire un mot de la force excentrique de la révolution ; elle est peut-être plus puissante encore que sa force intérieure. L'Europe est enceinte de révolutions. Cette gestation durera peut-être un demi-siècle; et il y a cela d'heureux, que les efforts qu'on fera pour l'arrêter, seront autant de mesures propres à faciliter ce terrible enfantement. En général, on ne veut plus obéir qu'on ne nous montre le droit qu'on a de commander ; ni croire, sans qu'on nous fasse voir des motifs raisonnables de crédibilité. Ce sont ces deux changements, quelque imperceptibles qu'ils paroissent, qui feront la révolution du monde. Il y a par-tout comme un esprit de recherche, qui porte les peuples à l'examen de leurs droits, qui jette un œil sévère sur les magistratures et les privilèges, une sorte d'inquiétude qui se tourmente, et qui ne pourra trouver de repos que dans la liberté. C'est une grande lutte, où l'on voit des millions de laboureurs, d'artisans, de matelots, de sujets, de serfs, de main-mortables, d'un côté ; et quelques centaines de magistrats, de privilégiés, de prêtres, de seigneurs, d'olygarques, de l'autre. Heureux nos neveux qui jouiront de grands biens que produiront ces mouvements, sans avoir éprouvé les violences qu'ils feront naître ! Cette inquiétude, qui travaille aujourd'hui les peuples, a toute l'activité (sans avoir le même but) de cette autre inquiétude qui les prit il y a plusieurs siècles, et qui les fit déborder du Nord sur le Midi ; de cette autre qui les entraîna sur un tombeau, d'où, par contre-coup, sortit l'abolition de la servitude ; de cette autre enfin qui les porta, il y a trois siècles, aux découvertes maritimes, et qui jeta l'Europe sur l'Asie et sur l'Amérique. Toutes les fois qu'il s'élève dans le monde une grande et nouvelle opinion, et que les peuples s'inquiètent, on doit croire qu'il va arriver quelque chose de grand. C'est une espèce de symphonie, qui annonce que la toile va se lever, et que les yeux vont voir des spectacles nouveaux.

Il y a eu dans le monde de grandes révolutions : l'une, qui érigea de petits royaumes en grandes républiques, qui nous ont laissé le modèle du beau dans tous les genres ; une autre, qui asservit tout le monde connu à une république fameuse autant par sa politique que par ses armes ; une autre, qui détruisit l'esclavage par les dogmes consolateurs d'un culte alors doux et timide, parce qu'il n'avoit pas de puissance ; une autre enfin, qui affranchit les communes, et qui changea les serfs en vassaux. La révolution actuelle a été préparée par des causes très-lentes : elle a des racines très-profondes, qui se perdent dans la découverte du nouveau monde, dans l'invention de l'imprimerie, dans le mélange des peuples par le commerce, et dans leurs rapprochements par les livres, dans l'esprit de doute et de recherche, dans la culture des sciences exactes et dans l'application de leurs méthodes aux sciences morales et politiques. Il y a quatre cents ans que cette révolution se prépare ; les excès de ceux qui s'y sont opposés l'ont mûrie, et l'irruption de l'Europe entière l'a rendue inébranlable. Cet énorme géant a détruit les plus fortes oppositions, a soumis les plus puissantes résistances; et pour sentir ses forces, il n'a eu besoin que de s'appuyer sur les feuilles immortelles où ses droits sont gravés. Il faut que ces feuilles aient un bien étrange pouvoir, pour que les princes aient été obligés de faire chez eux couler tant de sang pour en empêcher la publication. Cette inquiétude ne nous donne-t-elle pas la mesure de leur faiblesse, et ne nous montre-t-elle pas la force du grand peuple, qui, seul entre tous, les a en sa disposition ! Mais un gouvernement loyal, et des citoyens bien intentionnés, ne porteront jamais l'esprit de subversion chez les nations neutres ou alliées. Nos principes sont assez éloquents par eux-mêmes, sans avoir besoin d'un appui étranger. Le trait est lancé, et l'humanité gémissante sous des mains sacrées ou arbitraires, pourra bientôt respirer. La grande nation a montré sa puissance; il faut qu'elle montre aujourd'hui sa sagesse: c'est aujourd'hui son arme la plus dangereuse. Un million de soldats a pu vaincre l'Europe, trente millions d'hommes libres, vivants heureux sous un gouvernement sage, la convaincront. Vaincre est l'affaire du courage; savoir se gouverner est plus difficile.

Je n'ai pas la consolation de penser que toutes les oscillations soient finies. Tant qu'il restera en France un parti en état d'opposition, rien ne sera définitivement terminé. Or, cette résistance existe; elle a pris dans la réaction une puissance extraordinaire. Elle a senti et éprouvé ses forces dans les assemblées primaires, dans les spectacles, dans les cafés, dans les autorités publiques, dans les directoires qu'elle avoit établis dans tous les départements, dans cette organisation générale qui avoit élevé une petite monarchie au milieu de la grande république. Ce parti s'est cru, pendant deux ans, sur le point de jouir de ses forfaits, et c'est ce qui donne encore plus d'activité à ses horribles espérances. Il est évident que ce parti, un peu étourdi depuis le 18 fructidor, n'a pas désarmé; qu'il attend les évènements et de nouvelles chances, pour reparoître sur la scène. Il va se diviser en deux bandes; l'une continuera Clichy, et l'autre Marat, afin de perdre la république entre deux crimes. Mais il est aussi de toute évidence que ses efforts troubleront, mais ne détruiront pas, parce qu'il y a en France une force irrésistible qui la pousse au fond de l'abyme, et qui, s'il en sort encore, finira par l'accabler sous le poids de mille chaînes éternelles.

Quelque faute qu'on ait pu commettre dans la direction de la révolution, d'abord par des mesures insuffisantes, ensuite par des mesures exagérées, puis par des mesures perfides, et enfin par des mesures clichiennes ou rétrogrades, elle a cependant rempli son grand et principal objet. Le gouvernement républicain a triomphé de l'Europe, armée au-dehors, et de toute la partie corrompue du dedans, coalisée avec elle. On souffre encore, on est inquiet, on craint dans l'intérieur les haines, les violences, et les fourberies pires que les violences. Mais le grand œuvre est accompli, et les républicains peuvent dire aux rois qui en nioient la possibilité, ce que Galilée disoit aux inquisiteurs qui nioient le mouvement de la terre : *E però si move*. La révolution s'est raffermie par tous les coups qu'on lui a portés, elle est semblable à ce métal qui se durcit sous le manteau, et qui couvre d'étincelles et de feux ceux qui osent le frapper.

Je ne parle pas ici de l'aristocratie passive, qui est toute dans la pensée, quand ses actions sont dans la loi ; la pensée est entre Dieu et l'homme, et il n'appartient à nul mortel de se placer entr'elle et lui : ni de cette aristocratie soumise par sa conduite lorsqu'elle paroît en révolte par le vain babil de l'orgueil. Laissez cet énergumène parler ; Dieu permet que l'âne fasse sa partie dans le concert universel des êtres. Mais je parle de cette aristocratie anglaise, qui est peu nombreuse, mais qui est pécunieuse, ardente et rusée, qui s'est introduite dans les assemblées pour cabaler, dans les fonctions publiques pour trahir, auprès des tribunaux pour corrompre, auprès des brigands pour assassiner, ou, ce qui est plus lâchement féroce, pour commander, pour solder des assassinats. Je parle de cette aristocratie qui a commencé son insolente lutte contre le peuple, par les protestations, par les journaux, par les émigrations, qui l'a poursuivie par le fanatisme, par la guerre civile et par Clichy, qui l'a continuée par les emprisonnements, par les proscriptions et par les assassinats, et qui en est actuellement aux empoisonnements.

Bonaparte écrivoit des champs de la victoire, à l'Archiduc Charles, ces paroles qui marquent bien le génie du général de la grande nation, née au milieu du grand siécle : » Avons-nous tué assez de monde et fait assez » de maux à la triste humanité ! cette nouvelle cam» pagne s'ouvre par des projets sinistres; quelle qu'en » soit l'issue, nous tuerons de part et d'autre quelques » milliers d'hommes de plus, et il faudra bien que l'on » finisse par s'entendre, parce que tout à un terme, » même les passions haineuses ».

Et nous, ne pouvons-nous pas dire au parti contre-révolutionnaire : Avez-vous fait assez de résistances et provoqué assez de troubles? y a-t-il eu assez de maux et assez de sang répandu? que voulez-vous encore? pourquoi vous obstinez-vous à ne pas changer quand tout est changé autour de vous? ne voyez-vous pas que nous entrons dans un monde nouveau, qu'il faut se prêter à ses habitudes, en prendre les principes et parler la langue, sous peine d'y être regardé comme étranger? ne voyez-vous pas que tous les éléments de l'ancienne politique sont brisés, que le peuple les traîne depuis huit ans dans la boue, et que depuis un demi-siècle, il n'y avoit pas un homme de lettres ayant l'ame élevée qui ne les eût voués à un mépris qui n'étoit alors que philosophique, et qui depuis est devenu tout populaire! Nous pouvons parcourir encore bien des cercles; mais les privilèges, la royauté, les distinctions héréditaires, sont aussi éloignées de notre cercle politique, que l'étoile de Syrius de notre systême planétaire. Jetez les yeux en arrière et voyez comment tous vos efforts se sont tournés contre vous-mêmes, et comment tous vos mouvements depuis dix ans n'ont réussi qu'à vous faire accabler davantage.

La résistance de l'aristocratie en 89, à délibérer en commun, produisit le fameux acte du 17 juin, qui convertit la chambre populaire et les débris des deux autres en assemblée nationale. La conspiration de la cour, la réunion des troupes étrangères, le projet de bombarder Paris, occasionnèrent la prise de la Bastille. Les orgies de la cour, le projet d'enlever le roi; amenèrent le mouvement du 5 octobre, qui mit le roi en surveillance dans la commune de Paris. La fuite du roi fut la cause d'un interrègne qui prouva à la nation qu'elle pouvoit se passer de lui, et de sa captivité qui prouva au monde que nul ne pouvoit se mettre au-dessus des lois. Les manœuvres ténébreuses de la révision, la résistance active des privilèges, les intrigues perfides de la cour, la guerre du dehors appelée, provoquée par les ennemis du dedans, produisirent la journée du 20 juin, qui servit de prélude à celle du 10 août, comme celle-ci à la fondation de la république. La guerre civile de 1793, la Vendée, la trahison de Toulon produisirent le gouvernement révolutionnaire : alors le parti vainqueur abusa avec lâcheté du parti vaincu; on lui rendit la liberté, et il courut à la réaction. La réaction produisit le 13 vendémiaire; et comme elle continuoit toujours, on fit le 18 fructidor. C'est ainsi que tous vos efforts ont fait d'un simple projet de réforme, une révolution, et d'une monarchie absolue une république : tout cela ne se fût point fait sans votre résistance et votre colère.

Vos amis ont été tout aussi impuissants et plus malheureux que vous encore. Vous comptiez sur le roi de Sardaigne; la Savoie, le comté de Nice et tous les défilés des Alpes sont devenus français. Vous comptiez sur l'Empereur; la Belgique est devenue une de nos provinces,

provinces, et le Milanez une république. Vous comptiez sur l'Empire, et trois électorats en ont été démembrés, et ont été incorporés à la république. Vous comptiez sur la Prusse; elle a perdu les trésors du grand Frédéric, et les ossements de ses vieux soldats ont couvert les plaines de Champagne. Vous comptiez sur l'Espagne; elle a perdu St.-Domingue et deux armées, et elle a réuni ses forces aux nôtres pour vous accabler. Vous comptiez sur le Stathouder, et il a perdu la Hollande; sur l'olygarchie helvétique, et le pays de Vaud est en insurrection; sur le Pape, et il est rayé du nombre des puissances; sur la Suède, mais son régent a été plus sage que vous; sur la Russie, elle n'a fait pour vous que des diplômes et des ukases. Vous comptiez sur l'Angleterre, et avant six mois, au lieu d'un trône anglais, vous verrez un directoire britannique Vous comptez actuellement sur une triple alliance, et il manque encore cela à la démence royale, afin qu'il demeure bien prouvé que c'est elle qui se tue de ses propres mains.

Ainsi, de tous vos efforts pour soutenir la vieille monarchie, il est sorti trois républiques, trois rois ont été détrônés, six rois sont morts, dix à douze souverains ont perdu leurs Etats. Vous ne vouliez pas de 83 départements, et on en a fait 103; vous ne vouliez pas que 24 millions d'hommes fussent libres, et 40 millions d'hommes sont devenus non-seulement libres, mais encore égaux en droits, ce qui est bien plus désespérant pour vous. Vous ne vouliez pas de la réforme, et on a fait la révolution; vous ne voulûtes pas de la révolution française, et on en a fait la révolution européenne; et pour peu que vous continuiez encore quelques années ce plan de conjuration et de résistance, la liberté fera le tour du globe.

Et quant à votre clergé et à vos émigrés, voyez ce qu'ils sont devenus, quand ils ont voulu prêter l'appui de leurs fureurs à vos extravagances. Vos prêtres ne voulurent pas reconnoître les lois nouvelles, et on les priva de leurs bénéfices en 1791 ; ils suscitèrent partout des troubles et des désordres, et on les mit en surveillance en 1792 ; ils firent la Vendée, et on les emprisonna en 1793, on les élargit en 1794, on leur demanda la paix, ils rendirent la guerre, et on les déporta en 1797. Les émigrés ont éprouvé un sort pareil. Les frontières leur furent ouvertes en 1790, on les rappela par des proclamations en 1791, et ils coururent s'enrégimenter à Chambéry, à Coblentz, à Nice, et on demanda le séquestre de leurs revenus. Ils parurent dans les plaines de Champagne, avec les armées d'Autriche et de Prusse, et on confisqua leurs biens ; ils allumèrent la guerre de l'Europe, et on prononça leur mort ; ils revinrent durant la réaction, et on leur accorda un terme pour sortir. Ce qui a échappé à la valeur de nos militaires, transplanté sur les bords de la mer noire, déplore le triste aveuglement qui les fit s'armer contre leur patrie. Ainsi, il est résulté de la guerre extérieure, que vous provocâtes la levée d'un million de soldats qui vous contiendront ; de l'émigration, que vous favorisâtes la création de deux millions d'acquéreurs nouveaux, intéressés à se coaliser contre vous ; du fanatisme et de la Vendée que vous allumâtes, l'expropriation de la partie impure du clergé et son bannissement ; de la réaction, le 13 vendémiaire qui punit quelques chefs, et le 18 fructidor, qui accable tous les autres sous le poids de la nation, de ses armées, de son gouvernement ; et des assassinats, le désespoir de tous les patriotes, qui, se voyant placés entre la victoire et la mort, sont dans la nécessité de vous vaincre pour n'être pas assassinés. Durant la réaction vous aviez poussé toutes vos créatures dans les fonctions publiques, et marqué du sceau de votre réprobation, les républicains les plus fidèles : qu'en est-il résulté ? que les uns sont aujourd'hui deshonorés à raison de la protection dont vous les avez flétris, et que les autres sont estimés à raison des persécutions dont vous les avez honorés : en sorte que, soit que vous prôniez ou que vous persécutiez, tout tourne contre vous, parce que vous opposez une folle résistance à une raison universelle qui vous entoure de toutes parts, à un intérêt presque unanime qui vous enveloppe dans ce moment pour vous accabler bientôt si vous continuez. Aujourd'hui, vous adressez le lâche tribut de vos hypocrites adorations à ceux dont vous avez mille fois desiré la mort depuis huit ans. Mais cet insipide encens ne fait pas tourner la tête à ceux qui ont prouvé qu'ils en avoient une très-bonne, avec un cœur très-pur ; ils vous écoutent comme le voyageur qui marche la nuit écoute le croassement de quelques reptiles immondes, qui lui apprennent qu'il y a un marais dangereux dans le lieu où ces cris sinistres se font entendre.

Renoncez donc à des projets qui, outre qu'ils sont barbares, sont encore ridicules par la disproportion des moyens avec le but. Cessez de vous appuyer sur les bases d'un édifice qui est tombé sous la main lente, mais sûre, du temps. Vous ne pourrez jamais en relever les murailles deshonorées : elles sont teintes du sang de nos aïeux, et de celui encore de nos frères et de nos enfants. Un million de français glorieusement morts sur les frontières, ou lâchement égorgés par les autrichiens de l'intérieur, nous crient, du fond de leurs tombeaux, qu'il est temps enfin de mettre un terme à une révolution que vous avez prolongée par la perfidie, quand vous n'avez pu l'arrêter par le courage. Abandonnez donc, une fois pour toutes, des idées aussi surannées, que celles de la féodalité ou des sortilèges. Les rois et les nobles ne peuvent pas plus revenir que les sorciers ou les chevaliers errants ; et de quelque faux dehors dont vous plâtriez une piété toute hypocrite, vos prêtres réfractaires sont aussi loin de nos mœurs et de notre siécle, que les Druïdes qui faisoient brûler vos grands pères dans des paniers d'ozier. Tous vos projets, sans vous donner aucune espérance de succès, ne vous laissent donc que la cruelle perspective de voir répandre votre sang avec le nôtre. Songez que les hommes sont des morceaux d'argile qui se brisent les uns contre les autres, et ne les faites pas se heurter. C'est à vos femmes et à vos filles que je m'adresse, et je les conjure de vous retenir, lorsque vous courez à des mouvements que huit années d'expérience vous ont appris devoir tourner à votre perte. Cessez donc de vous plaindre des maux que vous vous faites, lorsque nous ne cessons de vous avertir d'être moins cruels envers vous-mêmes. Ce ne sont pas les patriotes qui firent couler le sang humain sous le gouvernement révolutionnaire. La révolution fut l'ouvrage de la philantropie, et le patriotisme c'est la bonté étendue sur une nation entière. Les Robespierre et les Carrier n'appartiennent pas à la révolution qu'ils firent rétrograder, ni même à l'humanité dont ils furent l'opprobre; mais un amour éclairé de l'humanité empêche qu'on ne sacrifie tout un peuple aux préjugés féroces et à l'orgueil insensé de quelques centaines d'individus; car on ne doit aux hommes que la justice, et la bonté est toute dans cette vertu. Embrassez donc la statue de la liberté, si ce n'est par amour pour elle, du moins par l'intérêt bien entendu de votre conservation. Entrez de bonne grâce dans le temple de la révolution, et n'y figurez pas comme ces caryatides hideuses, qui font ressortir la beauté d'un édifice par le contraste de leur laideur. Celui qui vous tient ce langage n'est pas un ennemi de l'humanité; il ne fit jamais couler vos larmes; il essuya les vôtres dans le temps de vos souffrances; et lorsque vous voulûtes que les autres souffrissent à leur tour, livré à vos longues fureurs et placé sous vos poignards, il ne craignit autre chose que de vous voir déshonorer votre cause par un crime nouveau.

RÉSULTAT.

D'APRÈS les observations précédentes, et toutes celles qu'un lecteur intelligent peut aisément supposer, on propose :

Sur les Propriétés. 1°. La réunion en un seul code de toutes les lois rendues sur cet objet ; 2°. une loi de forfaiture contre les officiers de police qui refusent de sévir contre les atteintes portées aux personnes et aux propriétés, et qui fixe les délais de l'instruction du jugement et de son exécution ; 3°. une loi contre les agents des communes qui négligent de les dénoncer ; 4°. ordonner que les noms des individus condamnés pour maraudage, seront lus dans l'assemblée décadaire du canton ; 5°. autoriser les administrations municipales à établir, dans chaque canton rural, une brigade de gendarmes-gardes-champêtres, payables sur les sous additionnels dudit canton.

Sur les Partages. Une loi qui déclare frauduleux les actes de transmission qui sont passés pour échapper à la liberté des partages entre les successibles.

Sur les Propriétés communales. 1°. Défendre aux communes de faire aucun défrichement avant d'y être autorisé par les administrations centrales, sur un rapport qui justifiera qu'on peut défricher sans danger ; 2°. défendre l'aliénation du lot que chaque citoyen a obtenu dans le partage commun ; 3°. ordonner que les propriétés qui consistent en forêts seront cantonnées en coupes réglées, et faire une loi de police à ce sujet.

Sur les Forêts. 1°. Convertir en lois les excellentes instructions ministérielles, publiées en fructidor de l'an 5, sur les plantations, les aménagements et la coupe des bois ; 2°. rendre responsables les communes environnantes des dégâts commis dans les forêts nationales ; 3°. diriger l'attention des administrations sur les grandes forêts des montagnes, qui périssent sans aucun profit, et qui auroient besoin d'être exploitées ou renouvelées ; 4°. envoyer dans les départements des hommes chargés de découvrir les mines de charbon fossille, de houille, et les tourbières ; 5°. accorder des encouragements à leurs exploitations.

Sur les Contributions. 1°. Ordonner la confection d'un cadastre dans chaque canton ; 2°. corriger la loi sur les dégrèvements, de manière que les formes en soient moins longues et moins coûteuses ; 3°. frapper d'une forte imposition à la revente, les sucres, cafés, thés, épiceries, eaux-de-vie, cartes à jouer, bougies, modes, et les voitures de luxe ; 4°. taxer à 12 francs le second feu de chaque maison, 24 francs le troisième, et 48 francs tous ceux qui sont au-dessus de ce nombre ; 5°. imposer une taxe de 24 francs pour un domestique de luxe attaché à la personne du maître, 48 francs pour le second, et 60 francs pour chacun des autres au-dessus de ce nombre (bien entendu que les domestiques attachés à l'agriculture, aux arts ou au commerce, ne sont pas compris dans les domestiques de luxe) ; 6°. imposer dans une proportion plus forte les chevaux de luxe ; 7°. écarter l'idée de toute taxe indirecte sur les denrées que consomme la partie industrieuse et pauvre du peuple ; 8°. soulager l'agriculture de tout ce que pourroient rendre les nouvelles taxes indirectes.

Promulgation des Lois. Régler la forme de cette promulgation ; ordonner, 1°. que celles qui intéressent d'une manière plus particulière les citoyens, seront affichées et promulguées, au son du tambour, dans chaque municipalité ; 2°. qu'elles seront toutes lues dans l'assemblée décadaire du chef-lieu.

Force publique. Une loi qui fixe les exercices de la garde nationale, les revues, les prix, et qui exclue de toutes les places à la nomination du gouvernement, tout individu valide qui ne fait pas son service en personne.

Sociétés politiques. Publier des instructions capables de leur donner une direction saine, en établir dans toutes les communes au-dessus de six mille ames ; fermer celles qui occasionneroient des désordres.

Assemblées décadaires. Ordonner, 1°. qu'il y aura un temple dans chaque lieu destiné à ces réunions ; 2°. ordonner à tous les fonctionnaires publics d'y assister ; 3°. y lire les lois et les institutions patriotiques ; 4°. les placer sous la surveillance des présidents de canton et des commissaires du gouvernement, qui seroient responsables du bon ordre ; 5°. renvoyer au décadi, et le jour de ces réunions, la célébration des actes qui constatent les naissances et les mariages ; 6°. publier tous les décadis, ou au moins tous les mois, une instruction officielle à l'usage des habitants de la campagne ; 7°. appeler dans les assemblées les maîtres et les élèves.

Mœurs publiques. 1°. Refaire la loi du divorce, en le soumettant à des formes plus lentes ; 2°. augmenter l'autorité paternelle ; 3°. frapper les célibataires d'une plus forte imposition ; 4°. créer des fêtes pour les femmes et pour les filles ; 5°. assimiler les veuves et les enfants des patriotes massacrés dans l'intérieur, aux veuves et enfants de nos défenseurs morts dans les combats.

Instruction publique. 1°. Sur les écoles primaires. (Voyez le plan développé à la page ....) 2°. Quant aux écoles centrales, les augmenter de deux professeurs de latin, d'un professeur de grec, et d'un professeur de métallurgie et de docimasie dans les départements où l'on extrait des mines; 3°. rétablir les écoles normales; 4°. exclure des emplois du gouvernement tous ceux qui ne suivront pas les deux premiers degrés d'enseignement.

Sur les Fêtes. Publier des programmes sur la manière dont les fêtes doivent être célébrées, soit dans les villes, soit dans les communes rurales.

Sur les Théâtres. Fermer tous ceux qui donneroient des représentations tendantes à réveiller les préjugés de l'aristocratie; encourager tous les autres, et les obliger à donner, au moins tous les décadis, une représentation relative à la révolution.

Sur les Cultes. Laisser agir la philosophie, réprimer les violences et attendre tout du temps.

Secours publics. Favoriser l'établissement des maisons de souscription, telles qu'elles ont lieu en Angleterre; soumettre les artistes qui se vantent de l'art de guérir, à des examens; entretenir des inspecteurs chargés de la salubrité; faire punir, par voie de police, ceux qui infectent les airs par des mares d'eau et des végétaux en putridité; publier des méthodes usuelles de thérapeuthique et d'hygiène.

Police générale. Maintenir la constitution de l'an 3, etc.

Ce 14 pluviôse de l'an 6.

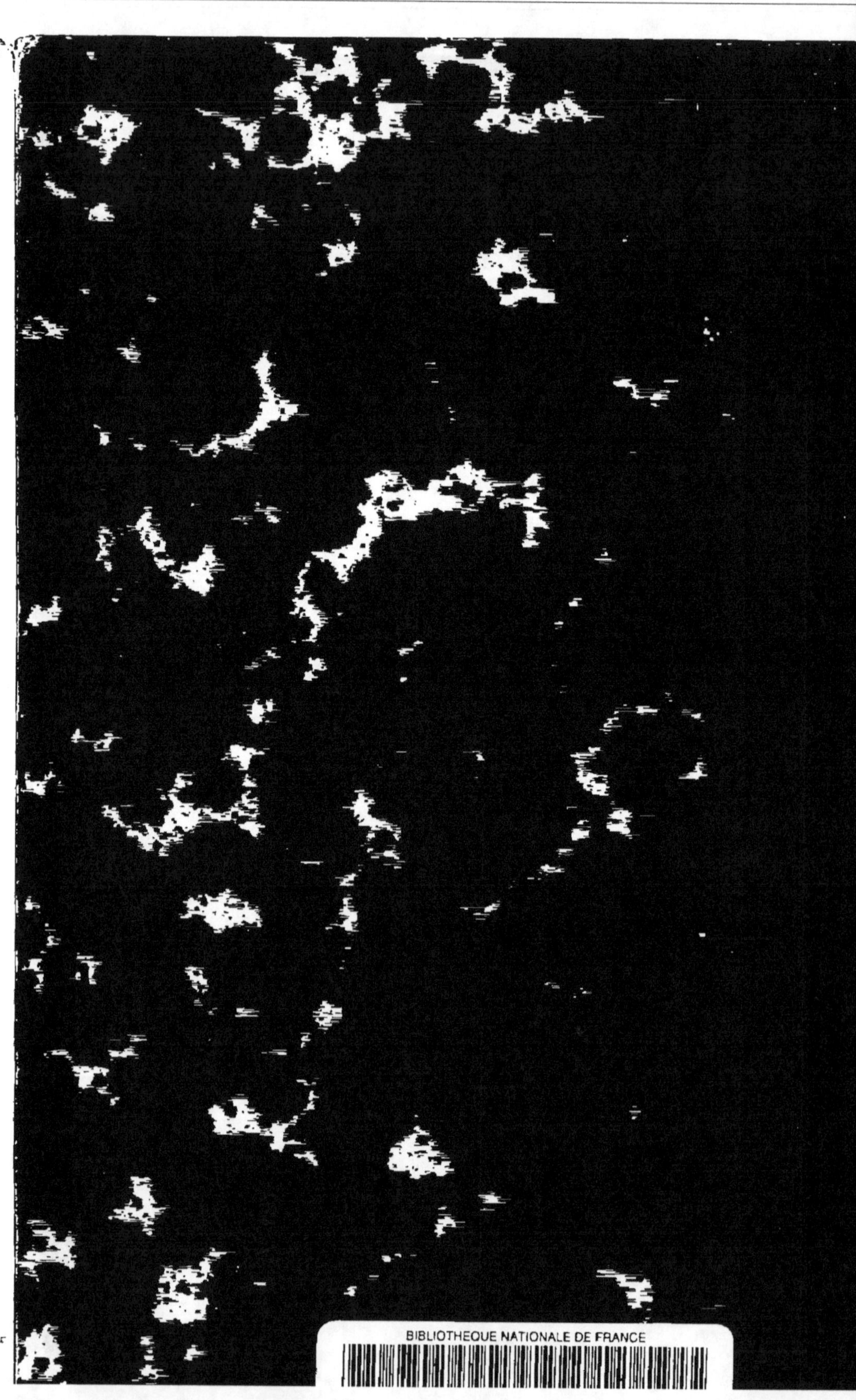

www.ingramcontent.com/pod-product-compliance
Lightning Source LLC
LaVergne TN
LVHW020353230826
846091LV00003B/1086

* 9 7 8 2 0 1 3 3 3 9 2 9 2 *